焼肉手帳

Yakiniku Encyclopedia For Gourmet

はじめに

肉であれモツであれ、牛であれ豚であれ馬であれ鶏であれ合鴨であれ、取材を通じて一番強く感じたことは、協力店の方々がこれらの素材と向き合う際の姿勢です。扱う手ぎわがすばらしく、美しくさえあるのはこの方たちの技量から当然として、皮一枚、肉の切れ端一つムダにしない仕事ぶりには、合理的でありながら合理性を超えた、謙虚さや敬虔《けいけん》さ、命あるものへの敬意が感じられました。

命そのものと、技の結晶を同時に味わうのですから、残すなどはもってのほか。皿を舐めまわす、串をしゃぶり尽くすくらいの覚悟で、目の前の一枚、ひと串をほお張ってください。

白石愷親

2009年6月吉日

◉目次

牛肉〈内臓〉

豚肉〈正肉〉

馬肉〈正肉・内臓〉

◉本書の使い方

ローマ字読み

部位名
撮影協力店の呼び方を参考にした

英名

Kurashita
くらした(鞍下)
Chuck/Chuck Tender - Upper shoulder
ロースは、首の近くから腰にかけての背中側の肉の総称。首に近い肩ロース、背中央部のリブロース、腰に近いサーロインの3つの部位に大別する。肩ロースは肉厚でやわらかく、肌理《きめ》も細かい質のよい肉で、特に上質のものはサーロインにも匹敵する。
くらしたはその肩ロースのうち、首にもっとも近い部位にあたる。ざっくり厚切りの肉には豊かな霜降《しもふ》りの脂肪が差して、焼かれるのを「今か今か」と待っているようだ。肉と脂のバランスがよく、あわあわした甘さはとても品がいい。うっすら塩を効かせてレアで、わさびをのせて味わいたい。
別称
芯まきロース、肩ロース
値段の目安
★★★☆☆
稀少度
★★★☆☆
18

別称

値段の目安
各章ごとにもっとも廉価なものを★1つとして相対評価した

稀少度
各章ごとにもっともポピュラーなものを★1つとして相対評価した

部位図

牛肉〈正肉〉

Gyuniku(Shoniku)

牛の基礎知識1

◎この肉ってどこの肉？

牛肉の主な部位は、以下の9種類に分けられる（東京都中央卸売市場食肉市場、食肉小売品質基準による）。

①肩《かた》　肩甲骨《けんこうこつ》の外側にある筋肉のかたまり。ウデともいう

②肩ロース　背骨の両側に沿ってついているロースの、もっとも頭に近い部分と、それに接するバラに近い部分

③リブロース　肩ロースにつづくロースと、その周辺の筋肉

④サーロイン　リブロースとランプの間にあるロースと、その周辺の筋肉

⑤ヒレ　腰を中心に背骨の腹側についている筋肉

⑥バラ　肩バラ（前バラともいう）、ともバラに分かれる

⑦もも　内《うち》もも、しんたまに分かれる

⑧外《そと》もも　後ろ脚の外側についている筋肉のかたまり

⑨ランプ　イチボを含む臀肉《でんにく》。ランイチともいう

この分類を基本に、たとえばともバラは部位的に大きいから、これをさらに2分して背側を中《なか》バラ、腹側を外《そと》バラと呼ぶ（左図）など、焼肉の現場は臨機応変。さばき方を工夫して切り出した稀少な肉に、独自の名前をつけて看板商品にしている店もある。品書にある肉がどこの部位なのか、一つひとつ確かめながら味わうのも、牛焼肉を食べる楽しみ。

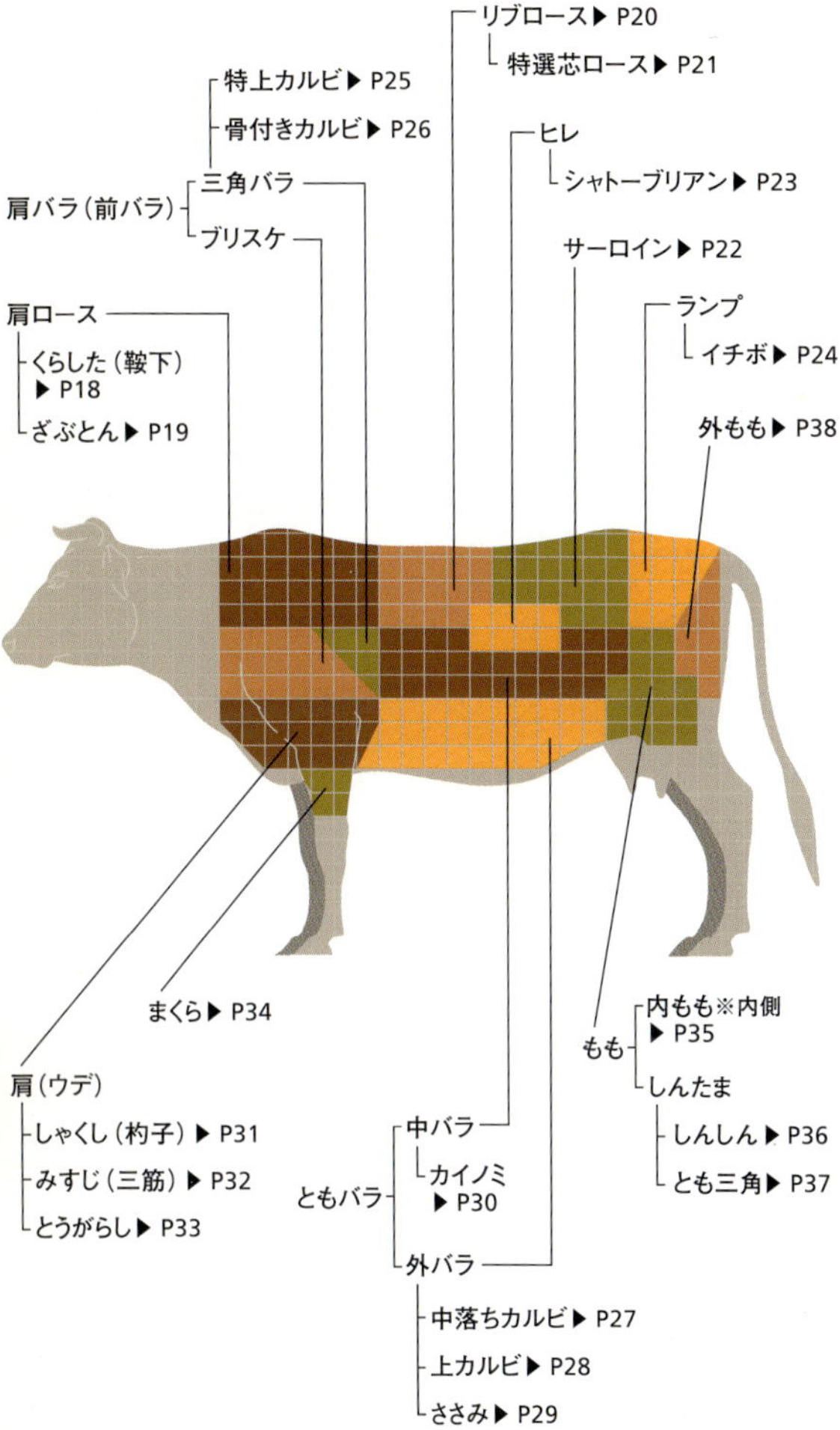

リブロース▶ P20
特選芯ロース▶ P21
特上カルビ▶ P25
骨付きカルビ▶ P26
ヒレ
シャトーブリアン▶ P23
肩バラ（前バラ）
三角バラ
ブリスケ
サーロイン▶ P22
ランプ
イチボ▶ P24
肩ロース
くらした（鞍下）▶ P18
ざぶとん▶ P19
外もも▶ P38
まくら▶ P34
もも
内もも※内側▶ P35
しんたま
しんしん▶ P36
とも三角▶ P37
肩（ウデ）
しゃくし（杓子）▶ P31
みすじ（三筋）▶ P32
とうがらし▶ P33
ともバラ
中バラ
カイノミ▶ P30
外バラ
中落ちカルビ▶ P27
上カルビ▶ P28
ささみ▶ P29

牛の基礎知識1

◎ロインそろい踏み

牛肉の最高級部位「ロース」の名は、英語のroast（焼く、炙《あぶ》るの意）から来ている。つまり、肩から腰にかけての背側の肉が、焼いたり炙ったりに向いていることからroast＝ロースと呼ばれるようになった。

英語ではこの部位をloin（ロイン＝腰）という。リブロースのほか、Sirloin＝サーロインやTenderloin＝テンダーロインがこれに当たる。この2つのロインについて、以下にエピソードを少し。

まずSirloin。たかがお肉に、ナイトの称号である「サー」が冠せられているのだから、さぁ大変。17世紀前半の英国、ジェームズ一世治下のころ。国王主催のパーティで、賓《ひん》客《きゃく》に供された牛肉のステーキが大好評を博した。気をよくした国王は、この牛肉（当然ロインだったはず）に「汝《なんじ》にサーの称号を与える」と宣言して、満座の大喝采《かっさい》を浴びたという。遠い昔の、ちょいとしゃれたお話。

そしてTenderloin。これはヒレ、またはフィレ（filet、仏語）のこと。とにかく働かない筋肉だから、tender＝やわらかい、とあるように、牛肉ではもっともやわらかい部位の一つ。18～19世紀のヨーロッパで辣腕《らつわん》外交官として鳴らし、ロマン派に大きな影響を与えた作家でもあったフランス貴族・シャトーブリアン。彼はヒレでも特にテンダーな芯《しん》の肉を好み、彼にちなんでこの部位がシャトーブリアンと呼ばれるようになったという。

◎けっこうフクザツ、牛肉の格付け

牛の枝肉《えだにく》（正肉《しょうにく》）は「牛枝肉取引規格」に基づいて、歩留《ぶどまり》等級と肉質等級の分離評価で格付けされる。

歩留は、切開面（第六〜七肋骨《ろっこつ》間）のロース芯の面積、バラの厚さなど4項目の数値を規定の計算式に当てはめて算出する。この値が標準よりよければA、標準ならB、標準より劣ればCと、3等級に区分する。

肉質等級は、(a)脂肪交雑《こうざつ》、(b)肉の色沢《しきたく》、(c)肉の締まりおよび肌理《きめ》、(d)脂肪の色沢と質―以上4項目を、いずれも第六〜七肋骨間の切開面で総合判定する。

(a)脂肪交雑＝BMS（ビーフ・マーブリング・スタンダード）の12の基準で判定。12の基準は5〜1の5等級に区分される。

(b)肉の色沢＝BCS（ビーフ・カラー・スタンダード）の7段階の基準で肉色を判定。7段階は5等級に区分されている。肉の光沢は肉眼で判定し、5等級に区分する。

(c)肉の締まりおよび肌理＝肉眼で判定。

(d)脂肪の色沢と質＝色沢は7段階の基準があるBFS（ビーフ・ファット・スタンダード）で判定する。これに肉眼による光沢と質の判定を加味して5〜1の等級を決定する。

歩留等級と肉質等級を連記するため、等級はA5〜C1まで15段階で表示される。肉質等級は4項目のもっとも低い等級を表示するから、たとえば歩留A、脂肪交雑4、肉の色沢3なら、その肉は「A3」と表示される。

Kurashita

くらした（鞍下）

Chuck/Chuck Tender - Upper shoulder

ロースは、首の近くから腰にかけての背中側の肉の総称。首に近い肩ロース、背中央部のリブロース、腰に近いサーロインの3つの部位に大別する。肩ロースは肉厚でやわらかく、肌理《きめ》も細かい質のよい肉で、特に上質のものはサーロインにも匹敵する。

　くらしたはその肩ロースのうち、首にもっとも近い部位にあたる。ざっくり厚切りの肉には豊かな霜《しも》降《ふ》りの脂肪が差して、焼かれるのを「今か今か」と待っているようだ。肉と脂のバランスがよく、あわあわした甘さはとても品がいい。うっすら塩を効かせてレアで、わさびをのせて味わいたい。

別称

芯まきロース、肩ロース

値段の目安

★★★⯪☆

稀少度

★★★☆☆

Zabuton

ざぶとん

Chuck/Chuck Eye - Center shoulder

これも肩ロースから。くらしたより少し下部の、あばら骨側にある肉。ざぶとんの名は、この肉の部位の形状からか。これだけたっぷりのさしが入っていても、背や腰側のロースに比べるといくぶん筋っぽいため、薄切りで供するのが一般的だ。しかし「脂がこれだけのっているのにこの歯ごたえ。いかにも肉らしくていい」と、多くの肉好きに支持されている。

　口に含んで軽く噛めば、まず生気《せいき》にあふれた肉の味がさっと広がり、やがて脂がじんわりと舌ににじんでくる。肉も脂も全体にはんなり甘く、わさびで食べれば味わいはいっそう深い。

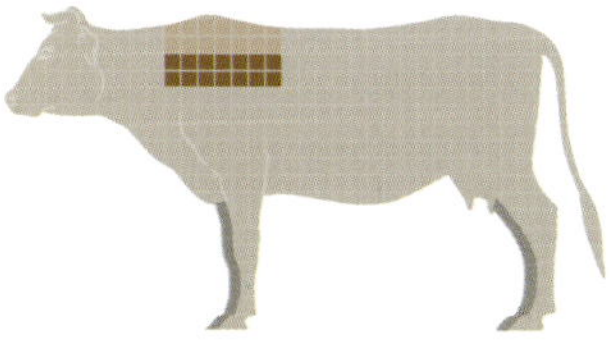

別称

はねした

値段の目安

★★★★☆

稀少度

★★★☆☆

Ribu-rohsu

リブロース

Rib Steak

サーロインと並び称される最高級牛肉。ロース中央部、肩ロースとサーロインを繋《つな》ぐ部位（リブは肋骨《ろっこつ》のこと）を指す。牛肉の各部位のうちでもさしが一番入りやすく、肉質は肌理《きめ》こまやかで、輝くようなつやもあって見栄えがいい。筋が少ないため、焼肉のほかステーキやローストビーフ、すき焼きなど、どんな料理にも向く。

くらしたとサーロインの、いわば中間の味といったらいいだろうか。甘さはくらしたよりも薄く、脂はサーロインよりも淡い。甘さも脂もしっとりとまとまって品がいい。おろしポン酢かわさび、レモンを好みで。

別称

値段の目安

★★★½☆

稀少度

★★★☆☆

Tokusen-shin-rohsu

特選芯ロース

Rib Eye - Center cut

最高級肉のリブロースの、芯《しん》に当たる部分の肉。肌理・つや・さしの入り具合いずれもすばらしく、これこそリブロース中のリブロース。1頭からごくわずかしか取れない超レアな部位だから、当然お値段もぐんと張る。

筋はまったくなく、噛み心地と舌ざわりのやわらかさ、滑らかさは練り絹のよう。さしが十分に入っていながら味はしつこくもくどくもなく、ほどのよい甘さがやんわりと舌の上をたゆたう。甘さ、やわらかさ、舌ざわり、肉と脂のバランス。どれを取っても文句のつけようのない、いわばいいとこ取りの超弩級《どきゅう》の逸品。

別称

リブ芯

値段の目安

★★★★★

稀少度

★★★★★

Sahroin

サーロイン

Sirloin

腰（ロイン）に近い部位のロース。ロース中の最高峰とされる。3種のロイン（リブロース、サーロイン、テンダーロイン）のうちでも特に肉質がよいことから、Sir（サー＝～卿）の称号が与えられた。どんな牛肉料理もＯＫの「牛肉界の貴族」だ。

脂を多く含む肉は肌理《きめ》細かくやわらかく、肉のこくと良質の脂がともに溶けて、しっかりと濃い風味が口中に広がる。これは肉好き大喜びの味、大人の味。くらした同様にうっすら塩を効かせてレアで、わさびまたはレモンでいただきたい。レモンのほうが、脂の甘さがいっそう引き立つようだ。

別称

ヘレ下

値段の目安

★★★★☆

稀少度

★★★☆☆

Hire (Shatohburian)

ヒレ（シャトーブリアン）

Tenderloin (Chateaubriand)

脂肪はロースの半分、そしてやわらかさは断トツのヒレ（フィレ。サーロインの内側、腰椎に沿った肉。フィレ filet は仏語、英語名はテンダーロイン tenderloin）の、さらに中心部の肉。シャトーブリアン（18〜19世紀に活躍したフランスの作家・政治家）が好んだことからこの名がつけられたという。

タルタルステーキなどヨーロッパでも生で食べる部位だけに、クセも臭みもなく、ほのかな甘さがやさしい。歯にしみとおるような、たぐい稀なやわらかさが身上だ。オールマイティな味というか、やわらか好みの日本人が愛する最高級肉。レモンが合う。

別称

テンダーロイン、ヘレ

値段の目安

★★★★★

稀少度

★★★★☆

Ichibo

イチボ

Wedge-Bone Sirloin - Closest to rump

サーロインにつづく、腰から臀《しり》、ももにかけての部位をランプ（rump＝臀《でん》肉《にく》の意。やわらかく脂肪が少ない赤身肉）といい、イチボ（aitchbone＝臀の骨＝の転訛《てんか》。H bone とも）はそのうち、臀の骨周りの小部位を指す。両者をまとめてランイチ、また単にランプと総称することが多い。

肌理《きめ》が細かく脂肪もあっさりした赤身肉のランプに比べて、見てのとおりさしがよく入って、歯ごたえもずっとしっかりしている。味はいかにも肉らしいといえるが、独特のクセがあり、これが好き嫌いの分かれるところ。たれで食べるのが一般的。

別称

値段の目安

★★★⯪☆

稀少度

★★★★☆

Tokujoh-karubi

特上カルビ

Boneless Rib - Front, lower rib section

カルビ（韓国語で肋骨《ろっこつ》の意）あるいはバラは、肋骨周りの肉の総称。三枚肉ともいい、体前方の前《まえ》バラ（三角バラ）と、体後方のともバラに大別する。なかでも特上カルビは、前バラのうちでも特に第一～第六肋骨周辺だけから取れる最上級肉。「焼肉」と聞いて、すぐにこの肉を思い浮かべる人も多いに違いない。

淡紅色にまんべんなく脂が差した身は、脂の甘さも肉の味もそれぞれしっかりと濃い。歯ざわりよく、かつ脂と肉のバランスのよさに「食べてよかった」とつい頷《うなず》きたくなる。レモンかわさび、おろしポン酢で。

別称

特選カルビ、三角バラ

値段の目安

★★★★☆

稀少度

★★★★☆

Honetsuki-karubi

骨付きカルビ

Rib with Bone - Front, lower rib section

あばら骨を取る前の特上カルビ、といえばわかりやすいか。みっしりと骨を包む、ピンクの肉と純白の脂の美しさ。そして威風あたりを払う、この重量感。「これを食わなきゃ焼肉屋に行くイミがない」とうそぶく通も少なくない、人気の部位の一つだ。

手と口の周りが脂まみれになるのも構わずかぶりつけば、肉も脂もこってりと濃く甘く、深い味わいがゆるゆるとのどを滑って舌と胃を結ぶ。といって特にくどいわけではなく、そう、これは「牛の大トロ」と呼ぶのにぴったり。骨にこびりついた肉は残さず食べたい。塩かたれの下味つきが多い。

別称

値段の目安

★★★★☆

稀少度

★★★★☆

Nakaochi-karubi

中落ちカルビ

Rib Meat - Spare cuts between ribs

肋骨《ろっこつ》と肋骨の間にあるバラ肉。骨、皮や血管を除去する下処理をしてから、繊維や筋が多いためよく叩いて筋を切り、さらに包丁を入れるなどしなければならない。そんな特性から、切り方は薄め。いろいろ手間のかかっているわりに値段はリーズナブルな、味も人気も定番のひと品だ。

さしが入っているほどにはしつこくなく、脂の濃さも肉の甘さも中くらいの、好き嫌いを問わない味が受けている。ネギをのせるか包むかして、ごまだれで食べてみたい。ほどほどの脂と甘さが、ネギにじつによく合ってびっくり、にっこり。

別称

ゲタ、ゲタカルビ、骨山

値段の目安

★★½☆☆

稀少度

★★½☆☆

Joh-karubi

上カルビ

Flank Steak - Belly, lower plate and flank

ともバラの下部、中《なか》バラより腹側のバラ肉が外《そと》バラ。霜降《しもふ》りになりやすい部位だが肌理《きめ》はやや粗く、中バラに比べて赤身が多い。味は全体に濃厚で、肉質は大部分が並クラスとされる。

上カルビは、外バラのタテ目（前方から後方に伸びる紐状の肉）の前寄りの肉。次頁のささみとタテ目の前後で対をなし、外バラのうちではささみ同様に肉質は高い。

カルビといえば、焼肉の定番中の定番。まして上カルビとくれば甘くやわらかく、またこってりと濃い肉らしい味が、舌と胃袋を堪能させてくれる。これを食べなきゃ焼肉は始まらない。

別称

タテ目、ササ肉

値段の目安

★★★☆☆

稀少度

★★★½☆

Sasami

ささみ

Inside Skirt - Lower, rear cut of flank

外バラ（腹側のバラ肉）のタテ目の後ろ寄り、ももの付け根側にあってカイノミ（次頁）の下部に当たる。霜降りの具合がほどよく、またバラならではの肉と脂それぞれのこくをたっぷり味わえることから、一部の肉好きには特に好まれている。

脂が差している割にさほど粘りはなく、嚙み心地はさくさくっと歯切れがいい。肉と脂はゆるゆると無理なく溶け合い、やがて「これは」と思わせるほどの甘さが、舌からのどにまで広がる。さっくりした歯ごたえと奥深い甘さ、これが上質外バラ肉のささみの身上。たれで食べたい。

別称

タテ目、ササ肉

値段の目安

★★★☆☆

稀少度

★★★½☆

Kainomi

カイノミ

Skirt Steak - Upper cut of short plate, near short ribs

中《なか》バラ（ともバラの上部、背に近い側のバラ肉。赤身と脂の薄い層が交互に重なった、いわゆる三枚肉で知られる）のうち、ももの付け根近く、サーロインに近接した部位。味も見た目も三枚肉よりサーロインに似た、焼肉に最適の特上クラスの肉だ。

肉質がやわらかいため、写真のとおりざっくりの厚切りが、歯ざわり、風味ともしっかり楽しめる。食べ進むうち、いかにも肉らしい味に独特の淡い香りがふんわりと重なって、これも肉好きを喜ばせる理由の一つ。食べごたえも申し分なく、誰にも人気がある。レモンがよく合う。

別称

値段の目安

★★★☆☆

稀少度

★★★★☆

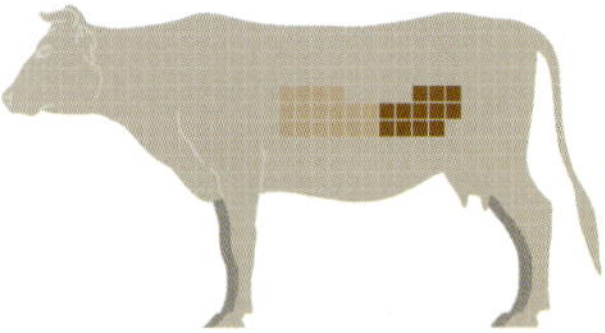

Shakushi

しゃくし（杓子）

Fore Shank/Brisket - Upper leg

　肩《かた》から前腕（前脚）上部にかけての部位。運動量が多いため脂肪は少なく、肉質はやや硬い。たんぱく質が豊富で加熱調理に向いているところなども、すね肉に似ている。次頁以下に紹介するとうがらしやみすじほか、少量ながら上質な肉を取れるのもこの部位の特徴だ。

　食べてみると、生肉から想像するほどの脂気はない。その分、歯ごたえはしっかりしていて、肉っぽい味がくっきりと際立つ。いわばほくほくの嚙み心地、食べ心地。別称の「クリ」の由来はその形からだが、ともかく食べ心地はどことなくクリを思わせて楽しい。

別称

クリ、腕三角

値段の目安

★★★☆☆

稀少度

★★★☆☆

Misuji

みすじ（三筋）

Fore Shank/Brisket - Inside shoulder blade

肩《かた》（ウデ）の一部、肩甲骨《けんこうこつ》の裏側にある肉。1頭から平均5kg前後、そのうちでも写真のような、霜《しも》降《ふ》りがみごとな最高級品質の肉は、ほんの1kgほど取れるだけという。

稀少で、しかも肉質がよい部位だけに「焼肉」として品書に載ることは少なく、刺身や叩きで食べるのが一般的なようだ。

ひと口噛んでみて、この霜降りからは想像できない歯ごたえのよさにびっくり。肉は十分なこくを含みながら、舌ざわりはみずみずしく、しかもさっぱりしている。端麗な味わいにわさびがぴったり。

別称

値段の目安

★★★★☆

稀少度

★★★★½

Tohgarashi

とうがらし

Fore Shank/Brisket - Near shoulder blade

肩（ウデ）の一部、肩甲骨に近い部分の肉。切った姿からは見当もつかないが、部位の形状がとうがらしに似ている、というよりそっくりなことから、この名前で呼ばれる。

肉色は濃いめの赤で美しく、肌理《きめ》はやや粗い。筋をきれいに取って薄切りにしてすき焼きやしゃぶしゃぶ用に、またブイヨン（煮出し汁）を作るのにも適している。

確かに「肌理が細かい」とはいえぬまでも、この部位としては脂が適度に差した肉はやわらかく、風味も甘さもしっとりと濃い。値段もそこそこ手ごろな、ちょうど食べごろの一品。

別称

とんび

値段の目安

★★★☆☆

稀少度

★★★☆☆

Makura
まくら
Shank/Foreleg

前脚のすね（ふくらはぎ）の中心部の肉。すねは前・後肢とも、筋肉がよく発達した美しい赤身肉だが、筋が約半分と多く、肉質も硬い。でもこの筋は、コラーゲンなどたんぱく質のかたまり。熱するとゼラチン化してやわらかく食べやすくなる。硬い肉も加熱すれば濃厚な味わいがいっそう増すことから、すね肉は一般にシチューなど煮込み料理に使われることが多い。

まくらも肉質はやはり多少硬く、筋が多いから包丁を入れてある。しかしいざ焼いてほお張ると、赤身肉らしい味と食感はいかにもふくよかで、これはなかなか捨て難い。

別称

前スネ

値段の目安

★★☆☆☆

稀少度

★★★★★

Uchi-momo

内もも

Tip Steak - Inside cut of rear thigh

後ろ脚のつけ根の内側部分、いくつかの筋肉が集まった、大きなかたまりの赤身肉をいう。牛肉の各部位のなかでもっとも脂肪が少なく、肌理《きめ》はやや粗いがやわらかい。全体に大味で風味に乏しいとされるものの、焼肉から煮込み料理まで利用範囲は広く、ほとんどの牛肉料理に使われている。薄切りにしてステーキやローストビーフ、牛カツなどに。刺身、叩き、しゃぶしゃぶなどにも向いている。

嚙みしめても脂を感じさせることはほとんどなく、弾力のあるしっかりした嚙み心地が、いかにも肉らしくていい。これこそ肉のカタマリ。たれで。

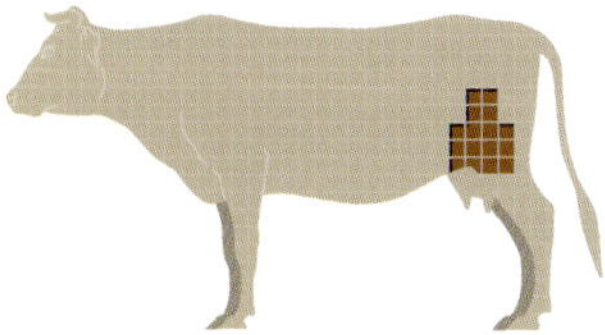

別称

うちひら

値段の目安

★★☆☆☆

稀少度

★★☆☆☆

Shinshin

しんしん

Thick Flank - Inside cut behind flank

後脚のつけ根、内もも下部の内側にある球状の肉をしんたまという。周りのやや硬い部分を取り除けば、肉質は肌理《きめ》細かくやわらかく、牛肉中もっとも脂肪が少ない部位の一つでもある。

しんたまはいくつかの特徴的な小部位に分割され、しんしんはその中心部に当たる赤身肉。ローストビーフやステーキ、叩きなどに使われることが多いから、焼肉の品書にあればぜひ試してみたい。

いかにも赤身らしい、しっかりした歯ごたえと味を併せ持った肉はクセがなく、誰もが満足できる味といえる。甘さもほどほどで飽きさせない。

別称

まるしん

値段の目安

★★★☆☆

稀少度

★★★☆☆

Tomo-sankaku

とも三角

Thick Flank - Outside cut behind flank

しんたまの端っこ、しんしんの外側についた三角形の肉。全体にしんたまの外側の肉は、筋があってやや硬いのが普通だが、この肉は別。さくっと歯切れよく、歯ごたえはあっても硬くはない。クセのない大らかな味のため、ローストビーフやソテーなどによく利用される。焼肉としても極上の部位の一つに数えられる。

クセがないとはいえ、赤身肉の持つ豊かさは、舌にも鼻孔にもしっかり伝わってくる。濃い肉汁が口を潤して、肉好きだけにとどまらず、これもしんしん同様、誰からも喜ばれるオーソドックスな味だ。わさびでいただく。

別称

ひうち

値段の目安

★★★½☆

稀少度

★★★★☆

Soto-momo

外もも

Outside Flat/Bottom Round - Outside cut of rear thigh

後ろ脚のつけ根の外側、もっとも運動量の多い筋肉が集まっている部分。肉質は内ももより少し硬く、内もも同様に脂肪が少なく、肌理《きめ》はやや粗い。赤身をメインにゼラチン質が豊富だから、煮込みに向いている。薄切りや細切れの炒めものもいい。焼肉には向かないとされる部位だが、和牛などの上質肉はこの限りではない。中肉・しきんぼう・はばきの3つに大別され、特にはばきは焼肉用に人気が高い。

噛み心地よく歯ごたえがあって、内ももに比べて少し甘い。よく働く筋肉特有のクセがわずかに感じられる食味は、好き嫌いの分かれるところ。

別称

そとひら

値段の目安

★★☆☆☆

稀少度

★★☆☆☆

牛肉〈内臓〉

Gyuniku(Naizo)

◎「モツ」イコール副生物か？

牛・豚の生体から枝肉《えだにく》を外して残った部分を副生物という。頭や脚・尾・内臓などがこれに当たる。内臓のみをモツと呼ぶか、また副生物をひっくるめてモツとするかは、店によってまちまち。まぁ、枝肉以外はみんなモツだ、としてもモンダイはないようです。

◎モツに紅白の違いあり

内臓は一般に、循環器系の赤モツ―心臓、肝臓《かんぞう》など―と、消化器系の白モツ―胃、大・小腸など―の2種に分けられる。枝肉と違ってモツは熟成せず、取り出されてすぐに劣化が始まるから、特に刺身も焼きも生を用いることが多い赤モツは、とにかく鮮度が命だ。

一方の白モツ。取り出された後も自己消化が進んで身が痩せるため、早いうちに下処理して熱を通し、消化酵素の働きを止めなければならない。白モツが焼く前からボイルされてることが多いのはこのせいもある。ただ本書掲載の白モツ（豚も含めて）の多くは、最初から生で焼くように仕立ててある。これは素材の鮮度のよさと、作り手の技の証し。

◎胃袋4つ＋αを食べ比べ

牛の内臓の最大の特徴は、胃が4つもあること（胃としてキチンと働いているのは第四胃だけで、あとの3つは食道が変化したものだそうです）。第一胃のミノからハチノス、センマイ、ギアラまで。途中にはオマケのヤンもついている。味も食感も違う胃袋4つ＋αを、胃の腑にしっかりおさめてください。

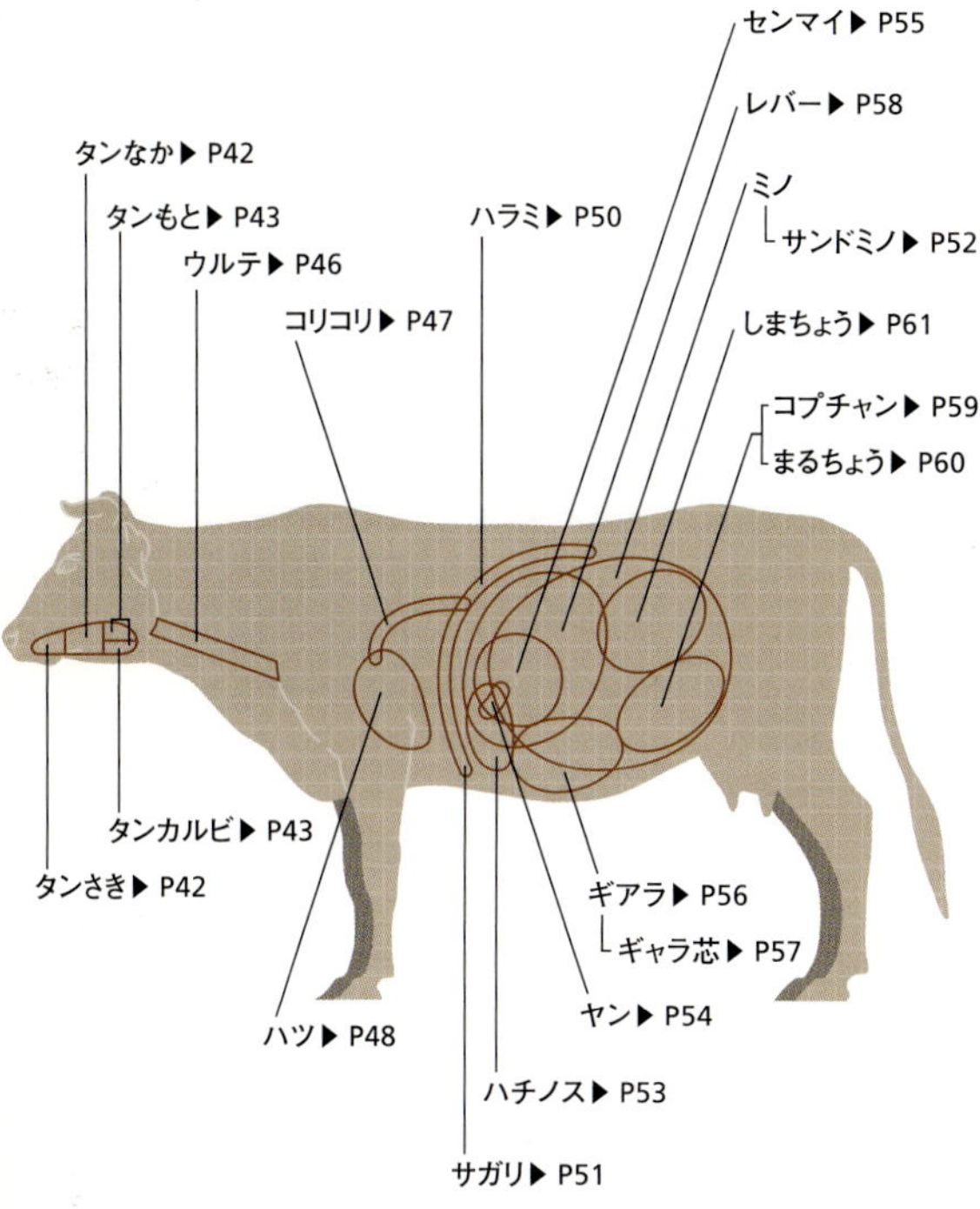
センマイ▶ P55
レバー▶ P58
タンなか▶ P42
タンもと▶ P43
ウルテ▶ P46
ハラミ▶ P50
ミノ
サンドミノ▶ P52
コリコリ▶ P47
しまちょう▶ P61
コプチャン▶ P59
まるちょう▶ P60
タンカルビ▶ P43
タンさき▶ P42
ギアラ▶ P56
ギャラ芯▶ P57
ヤン▶ P54
ハツ▶ P48
ハチノス▶ P53
サガリ▶ P51

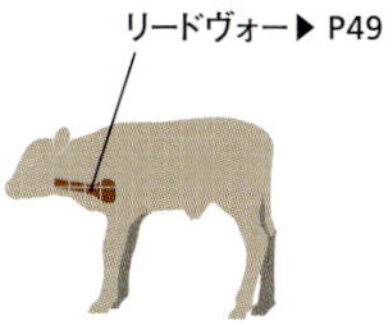
リードヴォー▶ P49

Tan-saki

タンさき

Tongue - Tip

Tan-naka

タンなか

Tongue - Middle section

Tan-moto
タンもと
Tongue - Base

Tan-karubi
タンカルビ
Tongue - Lower part of base

【タンさき】

別称

値段の目安

★☆☆☆☆

稀少度

★☆☆☆☆

【タンなか】

別称

値段の目安

★☆☆☆☆

稀少度

★☆☆☆☆

【タンもと】

別称

タンつら

値段の目安

★★☆☆☆

稀少度

★★☆☆☆

【タンカルビ】

別称

タンすじ

値段の目安

★★★★☆

稀少度

★★★★☆

牛タン（舌）は普通、長さ約50㎝、重さ1・5〜2㎏もある。こんなに大きいから、先端部と根もと部分では、見た目も味もずいぶん違う。全体に肉質は硬いが脂肪が多く、弾力のある独特の食感が好まれている。先端から順にタンさき・タンなか・タンもと・タンカルビの4部位に分かれ、根もと側ほど肉質はやわらかい。下ゆでして皮をむき、薄切りにして供されることが多い。正肉よりも多くのビタミンAや鉄分、タウリンなどを含む、元気のもとです。

タンさき（写真42頁上）

タンの先端部。肉質は硬く、焼きよりもシチューなどに向く。

タンなか（写真42頁下）

タンの中央部。タン先よりはやわらかく、シチューはもちろんタン焼きにも向いている。

タンもと（写真43頁上）

タンの付け根部分の上側。歯切れはさっくりとやさしく、豊かな滋味《じみ》が口中にあふれる。一度食べれば誰にでも好かれる味。

タンカルビ（写真43頁下）

タンの付け根部分の下側に当たる。タンのうちでも最上級の稀少部位として、最近とみに人気が高まっている。肉質は、歯ごたえがあって、しかもやわらかい。噛むほどに味わいが増してくる。

Urute

ウルテ

Windpipe - Cartilage

ウルテは、直径3〜5cmほどの気管の軟骨のこと（食道の軟骨をウルテと呼ぶこともある）。そのまま焼いてかじるにはちょっと硬すぎるため、輪切りにしてから包丁で丁寧に叩き、さらに細かい切れ目を入れて、誰にでも食べやすいように処理してある。

最大の特徴は、味よりもまず食感にある。噛み心地は「こりこり」あるいは「かりかり」か、それとも「かりこり」か。いずれにせよ歯に快く、いつまでも飽きさせない。よく焼いて食べるのがいいが、それでもなお歯ごたえがあり、さくさく噛めば、精妙な味がしみじみ湧き上がってくる。

別称

ふえガラミ、のどなんこつ

値段の目安

★☆☆☆☆

稀少度

★★☆☆☆

Korikori

コリコリ

Aorta

心臓に繋《つな》がる大動脈のことで、部位的には別称の「ハツもと」のほうがわかりがいい。名前から想像がつくように、前頁のウルテ同様、まずはこりこりの食感を楽しむのが第一。

　そのままでは、名前のコリコリからはほど遠い、まるでゴムみたいな歯ごたえ。開いてから細かく包丁を入れ、こんがり焼くと、噛み切りやすいこりこりの食感に変わるからフシギだ。

　大動脈とはいえ、下処理をしっかりしているせいもあって血の匂いはまったくせず、色もこのように白い。見た目どおり味はあっさりしていて、わずかな脂がその淡泊さによく合う。

別称

ハツもと、たけ

値段の目安

★☆☆☆☆

稀少度

★★☆☆☆

Hatsu

ハツ

Heart

いうまでもなく心臓のこと。見た目がレバーに似たハツを見かけることがあるが、品質的には上掲の写真のように、美しい赤身の周囲に濁りのない白い脂の層があるもの（「あぶしん」と呼ぶ）が最上質という。

筋繊維が細かいため歯切れはやさしく、さっくさくの歯ざわり。身そのものには脂も匂いも少なく、味は淡泊だから老若を問わず好まれるが、じつは意外にこくも食べごたえもある。

ビタミンB_1・B_2・E、たんぱく質やタウリン、鉄分を多く含む。不眠や冷え性などを改善する効果のほか、美容にもいいことから女性に人気だ。

別称

やさき、こころ

値段の目安

★☆☆☆☆

稀少度

★☆☆☆☆

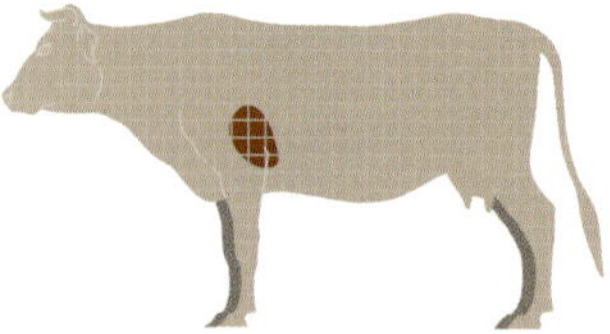

Rihdovoh

リードヴォー

Sweetbreads - Thymus

別称のシビレは、英語で「仔牛《こうし》の胸《きょう》腺《せん》、膵臓《すいぞう》」を意味するSweetbreadから来ている。一方リードヴォー（Ris de veau、仏語）は、仔牛の胸腺（ミルクを飲んでいる時期に必要とされ、成長につれて失われる器官）、それも厳密には乳飲み仔牛（ミルクだけを飲んでいる時期の仔牛、また離乳期を過ぎてもミルクだけで育てられた仔牛）の胸腺のみをいう。膵臓と胸腺は別の器官なのに、シビレには胸腺の意味もあるからややこしい。

わずかにミルクの香りを含む、このあまりにも濃厚なふくよかさ、上品な脂の濃密さ。表面はかりかりに、中はふんわり感を残して焼くのがいい。

別称

シビレ

値段の目安

★★★☆☆

稀少度

★★★★☆

Harami

ハラミ

Diaphragm - Rear section

牛の大きな横隔膜《おうかくまく》（胸部と腹部の境にある筋肉性の膜。肺の呼吸作用を助ける器官）のうち、背中側（上部）の部位をいう（ハラミと次頁のサガリを分けず、横隔膜全体をハラミと称する場合もある）。ハラミは上質になるほど身が厚く、また脂肪を多く含んで霜降《しもふ》り状を呈するのが特徴だ（上掲写真はその最上級の一品）。

見た目やジューシーな味わいはカルビに似ているが、カルビよりカロリーが低くてヘルシーだからと、カルビ派からハラミ派に転向する人も多い。やわらかいのに歯ごたえがあり、適度な脂肪があってこくもあると、誰からも人気だ。

別称

値段の目安

★★★☆☆

稀少度

★★☆☆☆

Sagari

サガリ

Hangingtender, Diaphragm - Near ribs

横隔膜のうちの肋骨《ろっこつ》側（下部）の部位を指す。英名にもHanging（ぶら下がっている、の意）とあるように、横隔膜の下部は牛の体の中でぶら下がっているような形状のため、サガリの名がついたという。

また英名にあるtenderは、牛肉のヒレ（英名Tenderloin）のtenderに通じる。ヒレ同様にクセも臭みもなく、ほのかに甘く、その上とってもテンダー（やわらか）で、それはそれは食べ心地がいい。ハラミともども近ごろ人気急上昇中だが、ハラミに比べて取れる量はずっと少ない。品書にこの名前を見つけたら、迷わず注文したい。

別称

ハラミ

値段の目安

★★☆☆☆

稀少度

★★★☆☆

Mino(Sando-mino)

ミノ（サンドミノ）

Blanket or Flat Tripe - 1st stomach

ミノ（第一胃）はホルモンと並ぶモツ焼きの定番。切り開いた形が蓑《みの》（茅《かや》などで編んだ雨合羽《あまがっぱ》）に似ていることからこの名がついたという。肉のつき方が人間の掌に似ているといい、肉薄の部分をミノ、脂が付着した肉厚の部分を上ミノ（リンドミノ）と呼ぶ。

下ごしらえの際、繊毛《せんもう》が密生している皮を剥《は》ぎ、そのままでは硬くて食べにくいため、包丁で切れ目を入れる。

引き締まった身の、こりっとした張りのある歯ごたえがいい。貝柱を思わせる淡い甘さと品のいい味わいは、これぞモツの王者。サンドミノの名は、身が脂を挟んでいるような姿から。

別称

上ミノ

値段の目安

★★☆☆☆

稀少度

★★☆☆☆

Hachinosu

ハチノス

Honeycomb Tripe - 2nd stomach

第二胃。この姿を見れば名前の由来は一目瞭然、蜂の巣に似ているからこう呼ばれる。酒やハーブを加えて中火で長時間下ゆでするなど、下ごしらえに手間がかかるものの、4つの胃のうちではもっともあっさりしていて食べやすく、独特の歯ごたえ・歯ざわりも楽しい。弾力とさっくり感が合わさった食感は煮込んでも残るから、イタリア料理のトリッパなどのほか、中国料理やフレンチにもよく使われる。

　微妙な食感に加えて、淡泊ながら噛むほどにじっくりと滋味《じみ》がにじんでくる。豊富に含まれた各種ミネラルやコラーゲンが体にしみわたるみたいに。

別称

値段の目安

★★☆☆☆

稀少度

★☆☆☆☆

Yan

ヤン

Section between 2nd and 3rd stomachs

ハチノスと第三胃のセンマイを繋《つな》ぐ部位。ハチノスの上部にこぶのようについていて、普通、1頭から数百gくらいしか取れない。センマイと同じように黒い皮に覆われており、この皮をきれいにむいてからボイルする。

弾力に富んだ、独特の歯ごたえがいい。こってりと脂肪を含んでいてほんのり甘く、味にはおよそクセがない。

表面がかりかりになるまで焼いたほうが、ヤン独特の持ち味を引き出せるけれど、くれぐれも焼き過ぎには要注意。硬くなって風味が半減する。かりかりでしかも表面が乾き過ぎないくらいがちょうどいい。難しいけど。

別称

値段の目安

★★☆☆☆

稀少度

★★★★☆

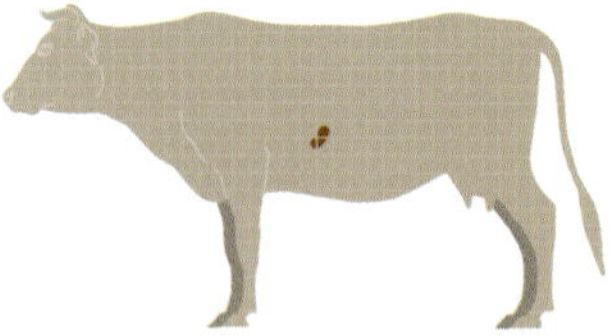

Senmai

センマイ

Leaf or Book Tripe - 3rd stomach

第三胃。もとの姿には細かいひだが千枚はあろうかと見えることから、この名がついた。外側の黒い皮をむいてボイルして、さらに氷水にさらして臭みを抜くなど、ハチノス同様に下ごしらえに手間がかかる。でもこの美しい純白は、手を抜かず丁寧に下処理をしたからこそのたまもの。突起のある先端部を刺身に、身の厚い土台の部分を焼き用にする。

　しゃっきり、しこしこの噛み心地が快く、この特有の歯ごたえは、焼いても刺身でも楽しめる。脂肪が少なく鉄分、亜鉛が豊富だから、ふだんから貧血気味の人には特におすすめ。

別称

値段の目安

★★☆☆☆

稀少度

★☆☆☆☆

Giara

ギアラ

Abomasum , Reed Tripe - 4th stomach

第四胃（生物学的には、牛の4つの胃のうちで、本来の胃の働きをしているのはこの第四胃のみという）。

表面のぬめりをしっかり取ることで味わいが増し、食感もよくなる。身が硬いため、食べやすく、また火のとおりがよくなるように、裏面にしっかり隠し包丁を入れてある。

全体に脂肪が豊富な、しこしこした歯ごたえの脂系。この歯切れと、ほんのり上品な甘さとの塩梅《あんばい》はいうことなし。第四胃上部の肉厚で脂の多い部分＝ギャラ芯《しん》と、そうでない部分＝ギアラの2つに分けるのが普通。別称のアボミは英名のAbomasumから。

別称

赤センマイ、アボミ

値段の目安

★★☆☆☆

稀少度

★☆☆☆☆

Gyarashin

ギャラ芯

Fleshy top section of 4th stomach

第四胃＝ギアラの上部、肉が厚く脂肪が多い部分。写真でもひと目でわかるように、ギアラに比べて脂肪はいっそう豊かだ。味が濃いため煮込みなどにも使われるが、肉質の甘さにはクセがなく、上品といっていいほど。しっかり焼いて、ある程度脂を落としながら食べるのがギャラ芯の通。上質の脂肪をたっぷり含んで、噛むほどに肉汁が口の中にあふれてくる。

終戦後、米軍基地などで働いていた人たちが、報酬（ギャラ）として牛の内臓肉を受け取っていたことから、いつか牛の第四胃をギアラと称するようになったという。

別称

値段の目安

★★★☆☆

稀少度

★★☆☆☆

Rebah

レバー

Liver

肝臓《かんぞう》。サンドミノ（上ミノ）をモツ界の王者とすれば、同じくモツ界に揺るぎない地位を誇るこちらは、さしずめ皇帝といったところか。繊維質が多く、ビタミンA・B_1・B_2、たんぱく質のほか鉄分などのミネラルを豊富に含み、栄養価も高い。肉食動物が草食動物を仕留めたとき、最初に肝臓を食べることはご存じのとおり。

レバー特有の臭みは、焼けばかなり抑えられる。焼く際はわずかに炙《あぶ》る程度、あるいは片面だけを軽く焼くのがコツ。生チョコレートみたいなとろける食感、舌にまとわる甘みとこくが、通が愛してやまないレバーの醍醐味《だいごみ》。

別称

きも

値段の目安

★☆☆☆☆

稀少度

★☆☆☆☆

Kopuchan

コプチャン

Small Intestine - Spread

裂いて開いた小腸をコプチャンというが、大まかに牛モツ、またホルモンをコプチャンと称することもある。身質はしまちょう＝大腸より細く薄い。たっぷりついた脂肪の甘さと、薄いけれどしっかりした筋肉の歯ごたえが身上。最近は特に脂が多めのものが喜ばれている。一方で、しっかりした歯ごたえを「ゴムみたいにむにゅむにゅしてて噛み切れない」と嫌う人もいないではない。

コラーゲンが多く高たんぱく、低カロリーと美容食にぴったり。脂はしまちょうに増してさらに甘く、焼きはもちろん、煮ても噛みごたえがある。

別称

コテッチャン、ソッチャン

値段の目安

★☆☆☆☆

稀少度

★☆☆☆☆

Maruchoh

まるちょう

Small Intestine - Inside out

脂身の多い和牛の小腸を、裂かずに筒のまま、外側を内側でくるむように裏返しにしたもの。裏返してからしっかり水洗いして、たっぷりの湯で15〜20分間、完全に火が通るまでボイルする。これを食べやすいひと口サイズに切り分ければ、写真でご覧のとおりの丸い腸＝まるちょうです。

裏返すことで外側の脂が内側に包み込まれるため、独特の食感と味が生まれる。歯ごたえむにむに・ぷるぷるの腸壁を除けば、ほとんど脂そのものといってよく、その甘いこと。持ち味を生かすには遠火でじっくり焼くのがいい。コラーゲンたっぷりの美肌の味方。

別称

値段の目安

★★☆☆☆

稀少度

★★★☆☆

Simachoh

しまちょう

Large Intestine

大腸のうちでも特にやわらかく、脂が縞状に入った稀少性の高い上質部分（上掲写真）をいう（大腸全般を称することもある）。縞が入った腸だから縞腸＝しまちょうと、名前の由来はまるちょうと同次元。

身質はコプチャンよりも厚く、やや硬く、脂肪も少なめ（といってもたっぷりついている）だから、ちょっと大きめにカットする。むにゅっとした歯ごたえに脂は濃く甘く、噛みしめるほどに味わいは深くなる。脂は濃いが割にあっさりしていて、しかも焼くときに好みで残し方を調節できるから、味もカロリーも自分流でいける。

別称

テッチャン、ホルモン

値段の目安

★☆☆☆☆

稀少度

★☆☆☆☆

牛の基礎知識3

◎「和牛」は4種類

「和牛」とは、明治以降、日本在来の牛と外国産牛を交配し、改良を重ねてつくられた日本固有の肉用種。現在、黒毛《くろげ》和種、褐毛《あかげ》和種、日本短角《たんかく》種、無角《むかく》和種の4種類が農林水産省により「和牛」と認定されている。

①黒毛和種　近畿・中国地方の使役牛《しえきぎゅう》と、デボン種（イギリス）、シンメンタール種（スイス）などさまざまな品種の外国産牛との交配により生まれた。毛色も角も黒色。赤身までサシが入った肉は脂の風味にすぐれ、「和牛」の中で最も飼育数が多い。全国ブランドの但馬牛《たじまうし》、神戸牛《こうべぎゅう》（兵庫県産のB4規格以上の但馬牛）、松阪牛《まつさかうし》、近江牛《おうみぎゅう》などはみなこの品種。

②褐毛和種　赤褐色または黄褐色の毛色の大型牛。熊本系と高知系があり、熊本系は阿蘇周辺の放牧風景でおなじみ。ともに在来牛と朝鮮牛、シンメンタール種を交配。性質は温和。脂は少なく赤身が多い。

③日本短角種　古くから使役牛として飼われてきた南部牛《なんぶうし》とショートホーン種（イギリス）を交配。毛色は褐色で大柄。主に東北地方と北海道で飼育されている。成長が早く、温和な性質で放牧に適する。肉質は赤身が多くやわらかい。

④無角和種　大正時代に山口県の在来和牛とアバディーンアンガス種（イギリス）を交配。名前のとおり角がなく、毛色は黒色。赤身が多い。飼育数は少ない。

豚肉〈正肉〉

Butaniku(Shoniku)

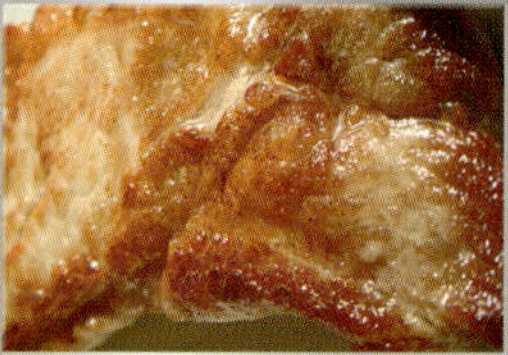

豚の基礎知識1

◎**この肉ってどこの肉？**

豚肉の主な部位は、以下の7種類に分けられる（東京都中央卸売市場食肉市場、食肉小売品質基準による）。

①**肩**《かた》（豚肩） 左の図の左端、L字型の部分。ウデともいう。よく運動し、赤身が多い

②**肩ロース**（豚肩ロース） 左の図の、肩の上の焦げ茶色の部分。肉の肌理《きめ》は細かく、豚肉特有のこくがある

③**ロース**（豚ロース） 肌理はさらに細かく、やわらかい

④**ヒレ**（豚ヒレ） 脂肪は少なくやわらかく、1頭からわずかしか取れない稀少な部位

⑤**バラ**（豚バラ） 肩バラ（左の図の、豚バラより少し前方の部分）と豚バラを合わせていう。脂と赤身が層をなしている三枚肉は上級品。肉質はやわらかい

⑥**もも**（豚もも） 左の図の豚ももの下半分、内《うち》ももともしんたまをいう。代表的な赤身部位

⑦**外**《そと》**もも** 左の図の豚ももの上半分。やや硬めながらあっさりした赤身肉

牛に比べて体が小さく、各部位とも均質な豚の肉には、牛肉ほどのバリエーションはない。味の多彩さより、肉の質を味わいたい。

◎**豚肉の格付けは割とシンプル**

豚肉にも等級がある。大ざっぱにいえば枝《えだ》肉《にく》の重量と背脂肪の厚さ、外観、肉質などによって判定され、極上・上・中・並・等外の5等級に格付けされる。

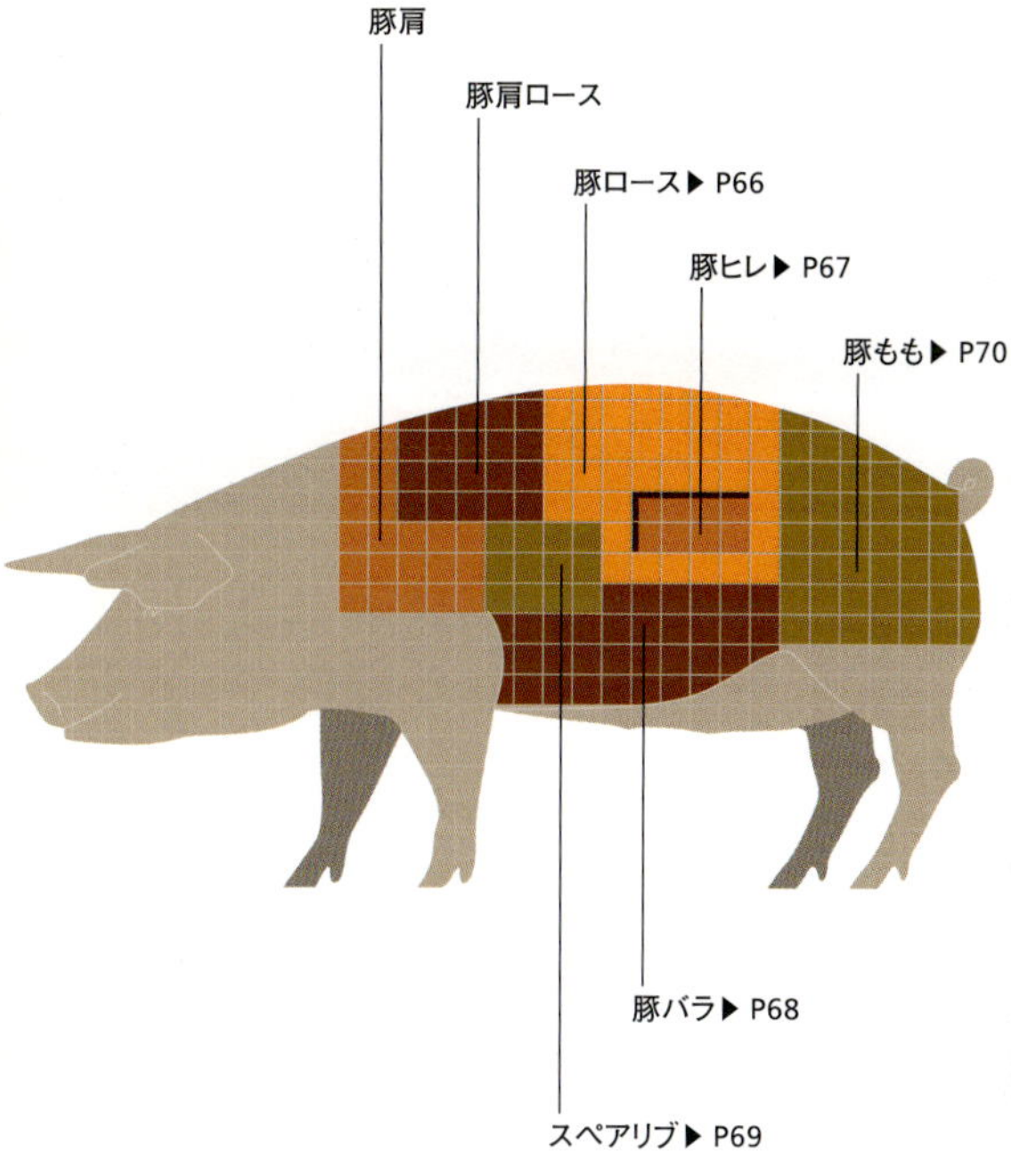
豚肩
豚肩ロース
豚ロース▶ P66
豚ヒレ▶ P67
豚もも▶ P70
豚バラ▶ P68
スペアリブ▶ P69

Buta-rohsu

豚ロース

Loin

豚の体の中央部、両肩後部から腰にかけての背側の肉をロースという（同じく中央部腹側の肉はバラ）。豚ロースは肉質が均一なため、牛のようにリブロース、サーロインなどとは分けない。上品な淡紅色が美しい肉は肌理《きめ》細かくやわらかく、かつジューシー。外側（上面）全体に脂肪が豊富で、時に霜降《しもふ》りになることもある。

脂肪は豚特有のさわやかな香気《こうき》を含む。いい換えれば脂のこの香りが、豚肉の味の決め手だ。加熱すると香気は肉にも移って、全体にいっそう風味が増す。ほかにとんかつはもちろんロースト、鉄板焼き、すき焼きもいい。

別称

値段の目安

★★☆☆☆

稀少度

★★★☆☆

Buta-hire

豚ヒレ

Tenderloin

ヒレは通常、1頭の豚から約1kgしか取れない稀少部位。ロースの内側、太・細2本の筋肉を束ねた形で、腰椎に沿って左右に1本ずつ走っている。運動量がもっとも少ない部位のため、肉質はやわらかく肌理は細かく、脂肪はロースの5分の1に満たない。

脂肪が少ない分、こくや香りにはやや欠ける。とはいえ極上の肌理とこのやわらかさ、上品な淡泊さは類を見ない。さらに稀少価値も手伝ってか、日本人には大いに好まれている。

ロースト、焼き豚、ソテーほかいろいろ利用されるが、定番中の定番はやはりとんかつだろう。

別称

値段の目安

★★½☆☆

稀少度

★★★½☆

Buta-bara

豚バラ

Belly

豚の体の中央部、背側のロースに対して腹側の、あばら骨周りの肉。脂肪と肉が三層に重なっているため三枚肉とも呼ばれる。赤身と脂肪が均一な層を作っているものを上質とする。

写真の一品は味と食感のバランスをよくするために、赤身と脂身を重ねて巻きずしのように巻き、ほどよい口当たりの厚さに切ってある。断面の、紅白のきれいな模様がほぼ同じなのは、太巻きや金太郎飴と同じ理屈だ。焼けば脂の香気《こうき》がこくのある赤身をくるみ込んで、味はこってりと深い。

煮込むほどやわらかくなるため、角煮やシチューなどによく使われる。

別称

三枚肉

値段の目安

★⯪☆☆☆

稀少度

★★⯪☆☆

Supea-ribu

スペアリブ

Spareribs

英語で「スペアリブ」は豚のあばら骨のこと。写真からもわかるとおり、料理では「厚切りの骨つき豚バラ肉」をいう。バラは豚肉ならではの香り高い脂をたっぷり含んで、ロースと並ぶ人気の部位。それもでっかく厚い骨つきとなれば、これはもう手でわしづかみしてかぶりつくしかない。肉は熱く、したたる脂は甘く、食べ進むうちに手や口がべとべとになるのは、いっそシアワセというもの。

　本場アメリカでは、バーベキューに長さ40㎝、重さ1kgものスペアリブが登場するという。彼の国の人々の健啖《けんたん》ぶりに驚かされる。

別称

値段の目安

★½☆☆☆

稀少度

★★½☆☆

Buta-momo

豚もも

Leg

後ろ脚のつけ根より上部、いくつもの筋肉が集まっている部位。牛肉でいう外もも（ももの、臀《しり》に近い部分）や内もも（脚のつけ根近く）、しんたま（内ももの下部）などが含まれる。

代表的な赤身肉で、脂肪は少ない。肉色は淡く、肌理《きめ》は全体にやや粗いが、一部には肌理細かく、やわらかい部位もあり、一般に色が薄いほどやわらかいとされる。

いかにも「肉そのもの」の味ながら口当たりは軽くさっぱりしていて、誰にも食べやすいのがいい。ローストや網焼き、挽肉料理ほか、どんな料理もOK。ボンレスハムの原料でもある。

別称

値段の目安

★☆☆☆☆

稀少度

★☆☆☆☆

豚肉〈内臓〉

Butaniku(Naizo)

豚の基礎知識2

◎豚モツは頭から尻尾まで

東京都中央卸売市場食肉市場によれば、豚の内臓部位は以下の22に分けられる。

1頭 2耳 3舌 4脳 5食道 6気管 7心臓 8肝臓《かんぞう》 9肺 10脾臓《ひぞう》 11横隔膜《おうかくまく》 12胃周辺脂 13胃 14腎臓《じんぞう》 15小腸 16盲腸《もうちょう》 17大腸 18直腸《ちょくちょう》 19子宮《しきゅう》 20乳房《ちぶさ》 21尾 22足

一方で、胃が4つもある牛の内臓部位は25（BSE対策のために焼却処分される脳・回腸《かいちょう》遠位《えんい》部・脊髄《せきずい》を除く）。肉のバリエーションでは牛に完敗としても、胃が一つしかない（四足獣は普通そうだけど）豚が、ことモツに関しては牛にヒケを取らない。

◎豚モツは多彩に進化する

本書では、右記の豚モツの部位のうち2・4・12・16・21・22の6部位は扱っていない。ということは16部位、なのに掲出した品数は28。これは、基準の部位にプラスして別の部位―きんつる、ホーデンなど―を利用したり、一つの部位をさらに細分化―ガツからガツ芯、ハツからハツはじなど―したりして、豚モツの利用効率と品数のアップを図ったことの成果だ。多くの良心的な店は、こうして新たなバリエーションの創出に腕を競っているわけです。

循環器系の赤モツは各種ビタミンやミネラルを多く含み、消化器系の白モツはコラーゲンなどのたんぱく質に恵まれている。手軽な健康食として、体力の維持・強化には赤モツが、美顔・美容には白モツがおすすめ。

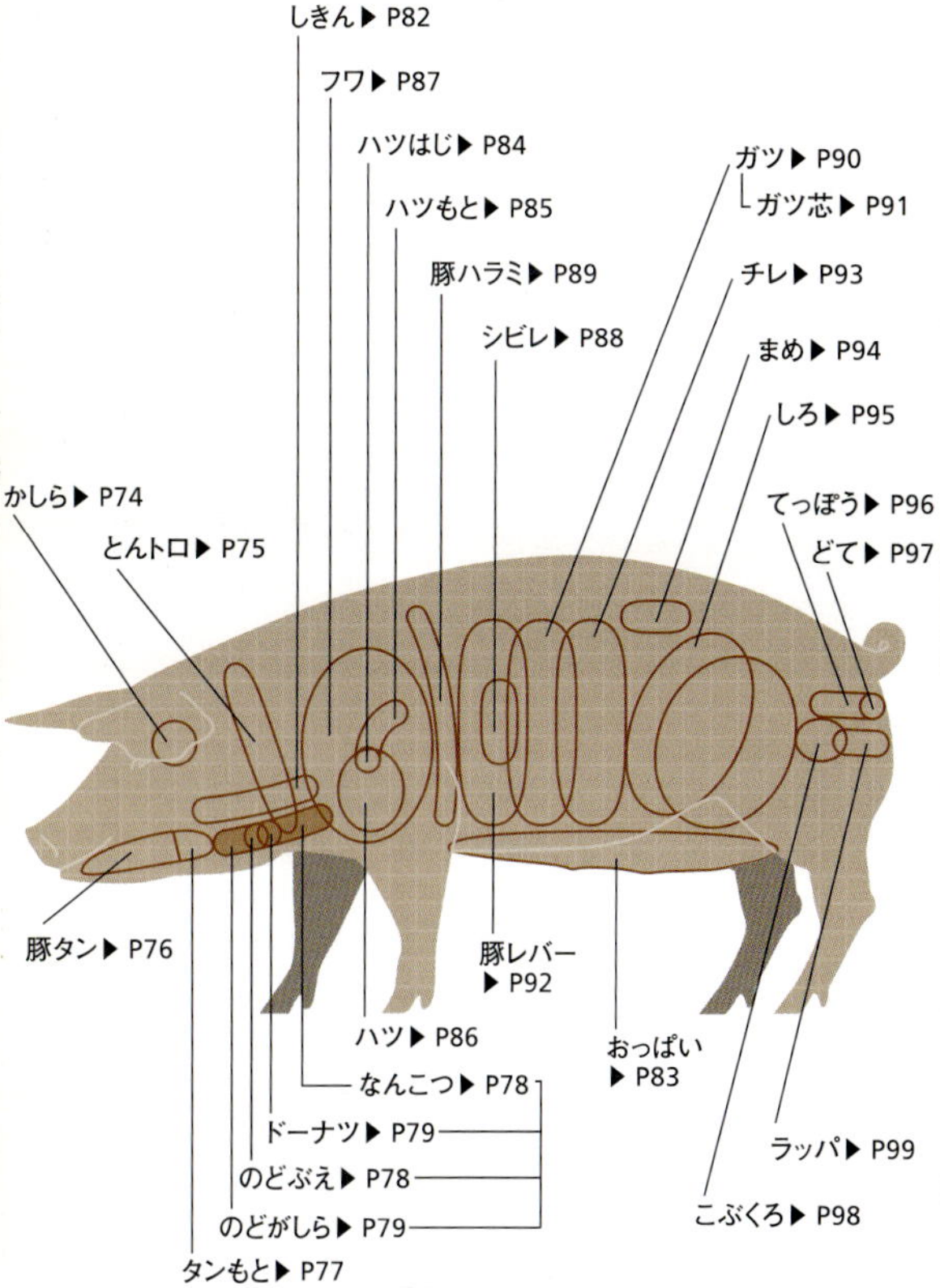
しきん▶ P82
フワ▶ P87
ハツはじ▶ P84
ハツもと▶ P85
豚ハラミ▶ P89
シビレ▶ P88
ガツ▶ P90
ガツ芯▶ P91
チレ▶ P93
まめ▶ P94
しろ▶ P95
かしら▶ P74
とんトロ▶ P75
てっぽう▶ P96
どて▶ P97
豚タン▶ P76
豚レバー
▶ P92
ハツ▶ P86
おっぱい
▶ P83
なんこつ▶ P78
ドーナツ▶ P79
のどぶえ▶ P78
のどがしら▶ P79
タンもと▶ P77
ラッパ▶ P99
こぶくろ▶ P98

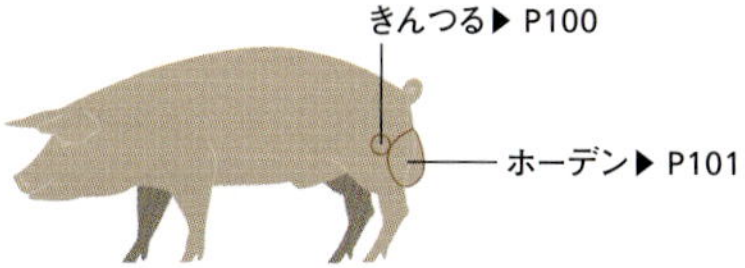
きんつる▶ P100
ホーデン▶ P101

Kashira

かしら

Temple

こめかみと頬の肉を合わせていう。こめかみの部分は小さめで、頬肉はもう少し大きい。色はあざやかに赤く、正肉の赤身肉とほとんど変わらない。

脂肪が少ないためしっかりした歯ごたえと弾力があり、噛み心地はやや硬い。肉汁を落とし過ぎないよう、強火でささっと焼くのがコツ。ゼラチン質を含んだ赤身はさっぱりと淡泊で、特に女性に人気が高い。

ジューシーで香ばしく、黒胡椒をちらりと振って噛みしめれば、さらに底深いうまさが口いっぱいに広がる。クセらしいクセはなく、モツが苦手な人にも食べやすい。

別称

かしら肉

値段の目安

★☆☆☆☆

稀少度

★★☆☆☆

Ton-toro

とんトロ

Neck

豚のトロだからとんトロ、ポークのトロだからP－トロ。どちらも同じ首周りの肉＝首肉の呼び方だが、どこからどこまでを首肉とするかは、厳密には決め難いという。いずれにせよ、1頭から300gほどしか取れない稀少部位。ピンクの身にこってりと脂肪をまとって美しく、人気が高まるにつれ、海外からの輸入も増えている。

名前どおりマグロのトロのように脂たっぷりで、口に放り込めばそのままとろけるよう。意外にさっぱりしていて歯ごたえもある。この脂だから、焼き過ぎるときゅきゅっと縮んでせっかくの味が台なしになる。ご注意を。

別称

P-トロ、ネック

値段の目安

★⯪☆☆☆

稀少度

★★☆☆☆

Buta-tan

豚タン

Tongue

豚タン（舌）は牛タンに比べてずっと小さく、脂肪もこくも少なくてあっさりしている。先端より根もとのほうがやわらかく脂肪が多いのは、牛タンと変わらない。血を丁寧に抜くなど下処理をきちんとすることで、臭みが抜けて味わいが増すという。下処理が済んだらタンもと部分を切り離す。正肉よりもビタミンA・B_2、鉄分、タウリンを多く含み、高栄養で低カロリー。薄切りが普通だが、上質のタンなら写真のような厚切りもOK。バター焼き、網焼き、シチューにも向いている。

豚タン

下ゆでしてまだ熱いうちに表面の皮

別称

値段の目安

★☆☆☆☆

稀少度

★★☆☆☆

Tan-moto

タンもと

Tongue - Base

をむき、それから調理するのが一般的だ。上質のタンなら皮をつけたまま供することもある（上掲写真の豚タン、タンもとはいずれも生）。歯ごたえがあり、普通は薄切りにするが、写真の一品は上質・新鮮な豚タンならではの厚切り。さくさくの歯切れと丸みのある食感がすばらしい。

タンもと

豚タンの付け根をいい、やわらかくて脂肪も十分。1頭から約50g、この写真の量くらいしか取れない。さっと炙《あぶ》る程度に焼けば硬くならず、豊かな肉汁も楽しめる。刺身にも最適の、売り切れ必至の超人気部位。

別称

上タン

値段の目安

★☆☆☆☆

稀少度

★★★★★

Nankotsu

なんこつ

Windpipe - Cartilage

Nodobue

のどぶえ

Larynx - Voice box, vocal cords

Nodo-gashira

のどがしら

Section between tongue and throat

Dohnatsu

ドーナツ

Windpipe - Tip

【なんこつ】

別称

ふえガラミ

値段の目安

★☆☆☆☆

稀少度

★★☆☆☆

【のどぶえ】

別称

くつべら

値段の目安

★☆☆☆☆

稀少度

★★★☆☆

【のどがしら】

別称

のどもと

値段の目安

★☆☆☆☆

稀少度

★★★☆☆

【ドーナツ】

別称

値段の目安

★☆☆☆☆

稀少度

★★★☆☆

なんこつ（写真78頁上）

　気管とその先端部（のどぼとけ）までの総称。下ゆでだけで数時間と、下処理に手間がかかる。写真の手前は気管、奥はドーナツ（先端部の輪切り）を包丁の背で叩いたもの。気管のこりこり、ドーナツのこつこつと、2種の歯ごたえを同時に楽しめてうれしい。こんがりかりかりに焼くか、軽く炙《あぶ》るかで、食感も味もがらりと変わる。

のどぶえ（写真78頁下）

　なんこつの一部、気管と舌の間にある声帯の部分。気管から切り分けて取れるのは、豚1頭で約40gと少ない。食感はなんこつに似ているが、歯ごたえは多少やわらかい。味には少しクセがある。

のどがしら（写真79頁上）

　なんこつの一部、タンとのどの間。なんこつのイメージからは遠く、見た目はタンもとに、食感は豚タンに似ている。豚1頭から取れるのは約50g。硬いため包丁を入れる。さくさくと歯切れよく、淡泊ながら味は奥深い。

ドーナツ（写真79頁下）

　なんこつの一部、気管先端部を輪切りにしたもの。中が空洞の先端部は、輪切りにするといかにもドーナツ風。このまま焼くか、叩いてから焼いてもいい。どちらにせよ滋味《じみ》たっぷり。

Shikin

しきん

Esophagus

食道のこと。豚1頭から1人前取れるか取れないかの稀少部位だけに、提供する店はそう多くない。表面に脂、内側に粘膜がついているため、脂肪を取ってから切り開いて粘膜をはがすなど、下処理の手間が大変だ。仕上がった肉はキレイなさらさらの赤身。のどがしらによく似ている。

ゴムほどとはいえないけれど、弾力のある歯ごたえが特徴的な、焼きイカを思わせる食感と、独特のクセ（えぐみ）がある味を好む人も少なくない。

ビタミンB群とミネラルを豊富に含み、滋養に効果ありとして、乾燥させてドッグフードにも使われている。

別称

のどすじ、ガリ

値段の目安

★☆☆☆☆

稀少度

★★★★☆

Oppai

おっぱい

Mammary Gland

いうまでもなく乳房《ちぶさ》のこと。使用するのは、成長した若い大型の雌豚の乳房のみという。

淡いピンクの美しい肉は、生命の豊《ほう》饒《じょう》さをふと思わせるようで、いかにもストレートな、かつ愛着を感じさせる「おっぱい」の名にふさわしい。

脂肪が多い肉質はやわらかいが、見た目以上にぷりぷりの弾力と歯ごたえがあって意外に噛み切りにくいため、写真のように小さめに切り分ける。

薄い味の奥に、しっかり噛みしめないと気づかないほどの、ミルクの匂いがかすかに隠れている。心と舌を子どもに戻して、ひそかな味を探りたい。

別称

ぱい、チチカブ

値段の目安

★☆☆☆☆

稀少度

★★★★☆

Hatsu-haji

ハツはじ

Section between heart and aorta

以下の2種はいずれも、大きなハツ（心臓）周りの部位。どちらも比較的稀少度が高いが、ハツもとは太めで長くそれなりのかさがあり、分量的に少ないハツはじに比べれば、稀少度は若干低い。互いに連結している部位ながら、見た目も味も食感もずいぶん違うのがおもしろい。両方とも品書にあったら、食べ比べをおすすめしたい。

ハツはじ

心臓と大動脈を繋《つな》ぐ部分。この部位を「心臓の端っこ」と考えての呼び方だが、逆に「大動脈の端っこ」ととらえたら、どんな名前になるのだろう。見た目も、硬いため包丁を入れるこ

別称

ハセべん

値段の目安

★☆☆☆☆

稀少度

★★★★☆

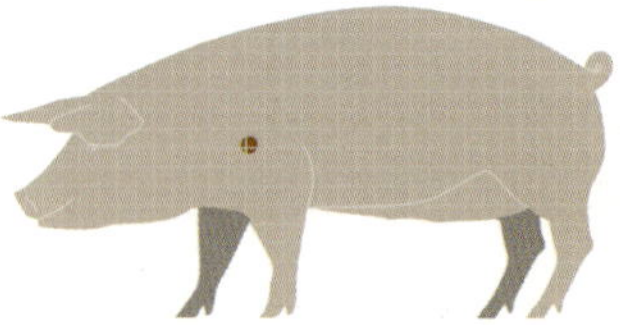

Hatsu-moto

ハツもと

Aorta

とも、のどがしらに似ている。存在感を感じさせる、ざっくりした歯切れも味のうち。うっすらとついた脂肪が、淡泊な味に甘さと奥行を与えている。

ハツもと

ハツの根もと、つまり心臓に繋がる直径2cm、長さ20cmほどの大動脈をいう。まず苦みのもとになるリンパ腺をきれいに取ることが大事だ。大動脈の周りについた脂を丁寧にそぎ、膜をはがして、白く太い管の部分だけを用いる。管を切り開いてひと口大にカットしたのが写真の品、動脈のイメージはない。しこしこ、こりこりの歯切れが命で、味そのものはごく淡い。

別称

くだなんこつ、パイプ

値段の目安

★☆☆☆☆

稀少度

★★☆☆☆

Hatsu

ハツ

Heart

心臓。重さは平均300gくらいと、牛の3分の1ほど。脂肪が少なく、また筋繊維が細くて緻密なため、肉質はこりこりしている。クセや臭みが少なく、牛より淡泊だから、持ち味がくっきり生きるよう、やや厚めに切る。牛ハツ同様、周りにきれいな脂がついているもの（上掲写真）が上質という。

強火で表面を炙《あぶ》る程度にふっくらと焼く。ぷっくりした歯ざわりでさくっと歯切れよく、噛みしめれば甘さに混じって深い味がにじむ。ビタミンA・B_1・B_2・B_6、鉄分、タウリンを多く含み、疲労回復や美容に効果大。網焼きや鉄板焼きもいい。

別称

こころ

値段の目安

★☆☆☆☆

稀少度

★☆☆☆☆

Fuwa

フワ

Lung

肺。感触がマシュマロみたいにふわふわしているからフワと呼ぶ。大きさは大人の握りこぶしよりちょっと大きいくらい。組織内を毛細血管が縦横に走っているため、血抜きするのに時間がかかる。豚のフワは珍しくないが、牛の場合はあまり食用とはしない。

焼く際は、部位が部位だけにしっかり火を通すことがまず第一。噛んだ感じもマシュマロ似で、マシュマロよりいく分密度が高く、ぐにゅっとしている。身質に脂肪はなくおよそ肉っぽくもなく、基本的に味らしい味はない。「それがホッピーに合うのさ」と喜ぶ人も。好みで塩、たれどちらもOK。

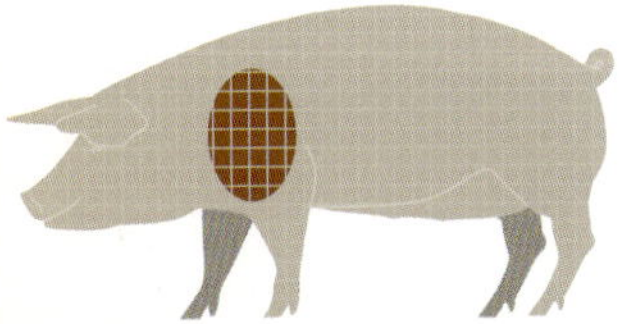

別称

いち

値段の目安

★☆☆☆☆

稀少度

★☆☆☆☆

Shibire

シビレ

Sweetbreads - Pancreas

膵臓《すいぞう》（消化腺の一つ。血糖の量を調節するなどの機能を持つ）または胸腺《きょうせん》（免疫機能の調節などを行う器官。成長につれて失われる）のこと。名前は牛と同様、膵臓・胸腺を意味する英名のSweetbreadから転《てん》訛《か》した。両者を区別して膵臓を特に胃シビレともいい、胸腺よりも濃厚な味に特徴がある。上の写真はその胃シビレ。

たっぷりの上質の脂に恵まれて、食感はとろけるようにやわらかい。味は甘く奥深く、仔牛《こうし》のリードヴォー（49頁）に似てこってりしていて、焼けばいっそうジューシー感が増す。脂好きを魅了してやまない、モツ界の女王。

別称

値段の目安

★☆☆☆☆

稀少度

★★★☆☆

Buta-harami

豚ハラミ

Diaphragm

腹部で内臓を支えている横隔膜《おうかくまく》のこと。豚の横隔膜は小さいため、牛のようにハラミ、サガリと区別しないのが普通だが、肉質が薄く細長い部分をハラミ、厚く短い部分をサガリと呼ぶこともある。1頭から取れるのは200～400gくらい。

牛ハラミの人気につれて、最近は豚ハラミも知られるようになった。内臓とはいいながら見た目も味も正肉そのもの。けれどやはり内臓だから低カロリーでヘルシー。ジューシーでやわらかく、特に肉汁の味がすばらしい。肉汁が落ちすぎないよう、強火で両面をさっと炙《あぶ》る程度に焼くのが理想だ。

別称

ツナギ

値段の目安

★★☆☆☆

稀少度

★★☆☆☆

Gatsu

ガツ

Stomach

ガツは豚の胃袋のこと。牛とは違って、豚にはもちろん1個しかありません。もとはきれいな灰色で、重さは平均500gほど。豚の副生物のうちもっとも異味異臭が少なく、弾力があって食べやすい。食道に近く、筋層が厚くて色の濃いものほど上質とされる。名前の由来は英語のGut（腸）からというが、なぜ腸が胃に化けたのだろう。

ガツ

強火でさっと焼いて、表面にしっとり汗をかいたくらいが食べごろ。歯切れよくさっぱりと淡泊な味は、モツのスタンダードとして人気が定着している。ただし焼き過ぎると、硬くなって

別称

豚ミノ

値段の目安

★☆☆☆☆

稀少度

★☆☆☆☆

Gatsu-shin

ガツ芯

Stomach - Fleshy section

歯に負えない。筋を取って刺身にすれば、こりこりの食感が際立つ。

ガツ芯《しん》

ガツの上部、食道に近い肉厚の部分をいう。もとは硬いが、表皮を取り除くと絶好の歯ごたえに生まれ変わる。上掲写真のガツ芯（噛み切りやすくするため、格子状に隠し包丁を入れてある）の透き通るようなピンクは、鮮度と質のよさの証しだ。表面の色が変わったくらいに焼いて食べれば、牛のサンドミノ（52頁）よりやわらかく、さくさくの噛み心地と弾力に、思わず言葉をなくす。臭みもなく、しっとり深い味わいは、まさに大人向きといえよう。

別称

上ガツ、上ミノ、上ホルモン

値段の目安

★½☆☆☆

稀少度

★★★★☆

Buta-rebah

豚レバー

Liver

ご存じ肝臓《かんぞう》、モツ界の重鎮。これ抜きにモツは語れない。平均1～1・5kgと大きく、形はペタンと平べったい。牛乳に浸《ひた》して血抜きして臭みを取り、大小の筋を取り除いて口当たりをよくする。牛レバーに比べるとわずかに臭みがあるが「それがかえっていい」と好む人も。味はほっこりとやさしく、鮮度のいいチョコレート色のもの（上掲写真）なら、表面を軽く炙《あぶ》るくらいがいい。焼き過ぎは厳にご法度。ビタミンA・B_1・B_2・B_6・B_{12}・D、鉄分などが豊富だから、酒飲みやお疲れの人はぜひ。パテなど、西洋料理ではレバーペーストがよく使われる。

別称

きも

値段の目安

★☆☆☆☆

稀少度

★☆☆☆☆

Chire

チレ

Spleen

脾臓《ひぞう》（血中の異物や細菌を捕らえるなどの働きをする内臓）。やわらかく、しこっ、むにっとした食感はレバーに似ているが、レバーよりやや水気が少なく、味にも多少クセがある。そのクセを、赤身に付着した網脂《あみあぶら》（写真の白い部分）の甘さがとろりと抑え、同時に全体の味わいをぐっと引き立てているのが、チレのチレらしいところ。

網脂は、内臓の表面を覆っている薄い網目状の脂肪層のこと。脂肪の少ない肉を調理する際によく使われ、フランス・中国料理では定番の食材だ。挽肉などを包んで焼いたフランス料理のクレピネットはよく知られている。

別称

たちぎも

値段の目安

★☆☆☆☆

稀少度

★☆☆☆☆

Mame
まめ
Kidney

腎臓《じんぞう》（血液中から生成した尿を膀胱《ぼうこう》に送り出す器官）のことをいう。まめの呼び方は空豆から。名前どおり、もとの形は相似形といっていいほど空豆によく似ている（むろんずっと大きいし、色も違うけれど）。

皮をむいて半分に切り、白い筋状の尿管をきれいに取ってから調理する。とはいえその気でじっくり噛めば、わずかに匂いがある。でも「それが好き」って人もいるから、ファンとはありがたい。歯ごたえやわらかく歯ざわりもよく、食わず嫌いで通すのは惜しい。写真のように鮮度がよければ、食感はぷりっぷりっと弾むよう。

別称

値段の目安

★☆☆☆☆

稀少度

★☆☆☆☆

Shiro

しろ

Chitterlings - Large intestine

一般的には大腸を指すが、小腸も含めてこう呼ぶ場合もある。「豚ホルモン」の名で提供されることが多い。値段の安さといい誰にも好まれる味といい、並ぶものなき豚モツ界の帝王。

小腸より歯ごたえがあり、脂肪はやや少ない。その脂を除いて調理すること（写真）もあれば、脂をつけたまま提供する店もある。牛の大腸に比してわずかに残る匂いも、いわば持ち味。

強火でさっと焼き、ふっくらしてきたら食べごろ。申し分ない甘さと、爽快なざっくざくの歯ごたえを堪能できる。やわらかくやさしい、モツ定番の味。噛めば噛むほど味わいは深い。

別称

豚テッチャン

値段の目安

★☆☆☆☆

稀少度

★☆☆☆☆

Teppoh

てっぽう

Rectum

直腸《ちょくちょう》。てっぽうの名は、もとの形が鉄砲の銃床に似ているからとか。腸のうちではもっとも味がいいとされ、なかでも肛門に近い肉厚な部分ほど好まれている。胃・小腸・盲腸《もうちょう》・大腸などと並ぶ「白モツ」の定番の一つ。

長時間下ゆでするると、とろとろにやわらかくなる。みっしりしわしわの身には、深い味わいと脂肪がぎっしり。脂たっぷりでやわらかいのに、肉質はしろよりも歯ごたえがある。噛んでいるうちに口の中いっぱいにほとばしり出てくるのは、精妙な脂の甘さと身質にひそむ滋味《じみ》。特に通に人気が高いのもうなずける。

別称

チューブ、あぶら

値段の目安

★☆☆☆☆

稀少度

★★☆☆☆

Dote

どて

Anus

肛門。てっぽう（直腸）の最先端に位置する。豚2頭から1人前しか取れない、もっとも稀少な部位の一つ。どての名は、てっぽうよりさらに厚く脂肪も多い、その形状と肉質からか。見た目も確かにドテッとしている。

名前はパッとしないが、脂たっぷりの濃厚な味は、モツ好きの間でつとに人気が高い。取れる量が量だから品書にない店も多く、あっても「要予約」「限定○本」はアタリマエ。

匂いがあるため、1回下ゆでする。軽く炙《あぶ》れば脂が甘くジューシー、しっかり焼けばぱりぱりの食感と、同時に2種類の味を楽しめてお得。

別称

値段の目安

★☆☆☆☆

稀少度

★★★☆☆

Kobukuro
こぶくろ
Uterus

子宮《しきゅう》。細い管状の姿に、初めての人は意外に思うかもしれない。一般に若い雌豚のものが多く使われ、特有の匂いを落とすため、よく洗ってからボイルする。上掲写真のように、澄んだ淡いピンクで表面に張りがあり、つぶれていないものほど上質で新鮮。たんぱく質が多く、脂肪は非常に少ない。

火の上でくるっと丸まったら食べごろだ。焼き上がりは香ばしくやわらかく、しかもしこっとした弾力がある。噛んでいるうち、不思議な香りのうっすら甘いジュースが、口いっぱいに満ちてくる。ふところの深い味に「腸より好き」と絶賛するファンも。

別称

値段の目安

★☆☆☆☆

稀少度

★★☆☆☆

Rappa

ラッパ

Birth Canal

産道、つまり産まれてくる仔豚の通り道のこと。産道は長さ5～10㎝ほどの管状で、先端がラッパのように開いていることからこの名がついた。どて同様、2頭から1人前しか取れない稀少部位。品書に載せている店はそう多くない。匂いがあるため、一度ボイルしてから使用する。

肉厚で食べごたえがあり、脂肪がない代わりにコラーゲンを多く含む。食感は歯ごたえ、弾力ともしっかりしていて、かつやわらかい。よく焼けばぱりぱり、軽く炙《あぶ》ればもちもちと、歯ごたえは焼き方、好み次第でどちらにも。どう焼くにせよ、塩がよく合う。

別称

値段の目安

★★☆☆☆

稀少度

★★★☆☆

Kintsuru

きんつる

Base of Penis

ペニスの付け根に位置する、長さ5～10㎝くらいの管状の筋肉。名前の由来は――きっとご想像のとおりです。これも1頭から人差し指1本分くらいしか取れない貴重品（写真の量で3頭分ほど）だから、扱っている店はごく少ない。品書に見つけたら、何はともあれチャレンジしたい。

焼く際は、フワと同じくしっかり火を通すこと。わずかに脂を含んでやわらかく、歯ごたえはこりこりと噛み心地がいい。この味はいつか食べた味。そう、鶏の砂ぎもに似ている。あっさり系の一つとしてそこそこ人気があり、売り切れご免のことも多い。

別称

値段の目安

★☆☆☆☆

稀少度

★★★★☆

Hohden

ホーデン

Testicle

ホーデンはドイツ語のHodenから。睾丸《こうがん》、タマタマです。豚のホーデンの形は空気を入れ過ぎたラグビーボール状、大きさはグレープフルーツくらいとデカい。これだけ大きいから1個で3〜4人前ほど取れるけれど、提供している店はそう多くない。

外側を覆う膜をはぎ、真ん中に通っている筋を取り除いて調理する。脂肪がないやわやわの身は正肉に近く、微かに匂いがある。しっかり焼くか軽く炙《あぶ》るかは好みで。どちらにせよ食感は鶏のもも肉（134頁）に似ている。特に刺身を好むファンもいるが、興味本位で試す人がほとんどだ。

別称

値段の目安

★★☆☆☆

稀少度

★★★☆☆

豚の基礎知識3

◎日本の肉用豚は交雑種がほとんど

日本の肉用豚の8割以上は、大ヨークシャー種など6品種のうち3~4品種を交配した雑種。ただし、バークシャー種は単一品種で生産され、「黒豚《くろぶた》」の通称で知られる。

①大ヨークシャー種　イギリスのヨークシャー地方原産。毛色は白。大型で赤身と脂肪の割合がほどよく、肉質はやわらかい。

②中ヨークシャー種　大ヨークシャー種よりひと回り小さい白色の豚。明治末期にイギリスから輸入。昭和30年代には日本の豚の8割を占めていたが、現在はほとんど見られない。

③バークシャー種　イギリスのバークシャー地方原産の古代種。黒色の地色に鼻・四肢の先・尾の先が白い、「六白《ろっぱく》」と呼ばれる毛色が特徴。中ヨークシャー種と同じ明治末期にイギリスから輸入された。肉質は肌理《きめ》が細かく、味がいい。

④ランドレース種　デンマークの在来種と大ヨークシャー種の交配種。長い胴とたれた耳が特徴。毛色は白。肉質は脂肪が少なく、赤身が多い。

⑤デュロック種　アメリカ原産。毛色は赤褐色。折れた耳が特徴の大型豚で肉質は脂肪が多くやわらかい。

⑥ハンプシャー種　イギリス・ハンプシャー地方原産の豚をアメリカで改良。毛色は黒だが、肩から前肢にかけて帯のように白くなっている。肉質は赤身が多い。

①

馬肉〈正肉・内臓〉

Baniku(Shoniku·Naizo)

馬の基礎知識1

◎馬肉は現代人にうってつけ

馬肉といえば高たんぱくで低カロリー、低脂肪と、近ごろでは健康食品の代名詞。では具体的にどんな特徴があるかというと——

・高たんぱくなのに、カロリーは牛・豚の約3分の1。肥満対策に

・脂肪は少ないが、リノール酸やα－リノレン酸など、動脈硬化を防ぐ必須脂肪酸を多く含む。生活習慣病予防に

・鉄分は牛・豚の3～4倍と食肉中トップクラス。馬肉が赤いのはこのため。カルシウムも豊富。貧血や冷え性の人に

・多糖類のグリコーゲン（エネルギー源）は牛肉の3倍。だから肉が甘く、しかも元気が出る。クタビレてるすべての人に

ほかに、

・牛と違って反芻《はんすう》しないから内臓がキレイ

・抗生物質など薬品を与えにくいため、ほとんど薬品に冒されていない

・脂を精製した馬油《ばーゆ》は、美容や肌のトラブル全般に効能がある

など。ほら、馬肉ファンになったでしょ？

◎ハンバーグのご先祖は馬肉料理!?

洋食の定番・ハンバーグ。13世紀、ヨーロッパを攻めた蒙古の一部族・ダッタン人＝タタール人の馬肉料理が、タルタルステーキとして定着。ドイツの港町・ハンブルグで生から焼肉料理に姿を変え、これを船乗りたちが英米に持ち帰ったことから、ハンバーグと呼ばれて広まったという。

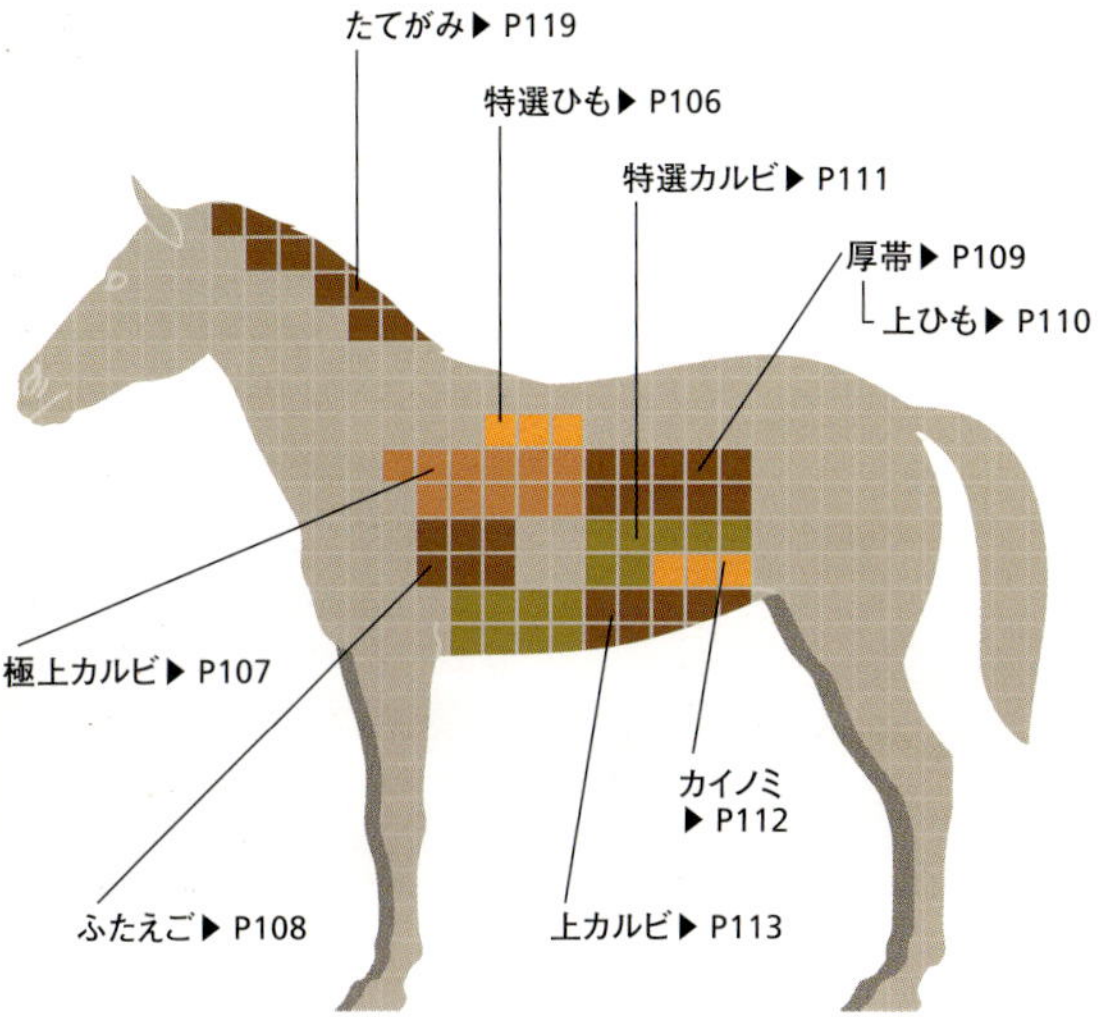

たてがみ▶ P119
特選ひも▶ P106
特選カルビ▶ P111
厚帯▶ P109
上ひも▶ P110
極上カルビ▶ P107
カイノミ
▶ P112
ふたえご▶ P108
上カルビ▶ P113

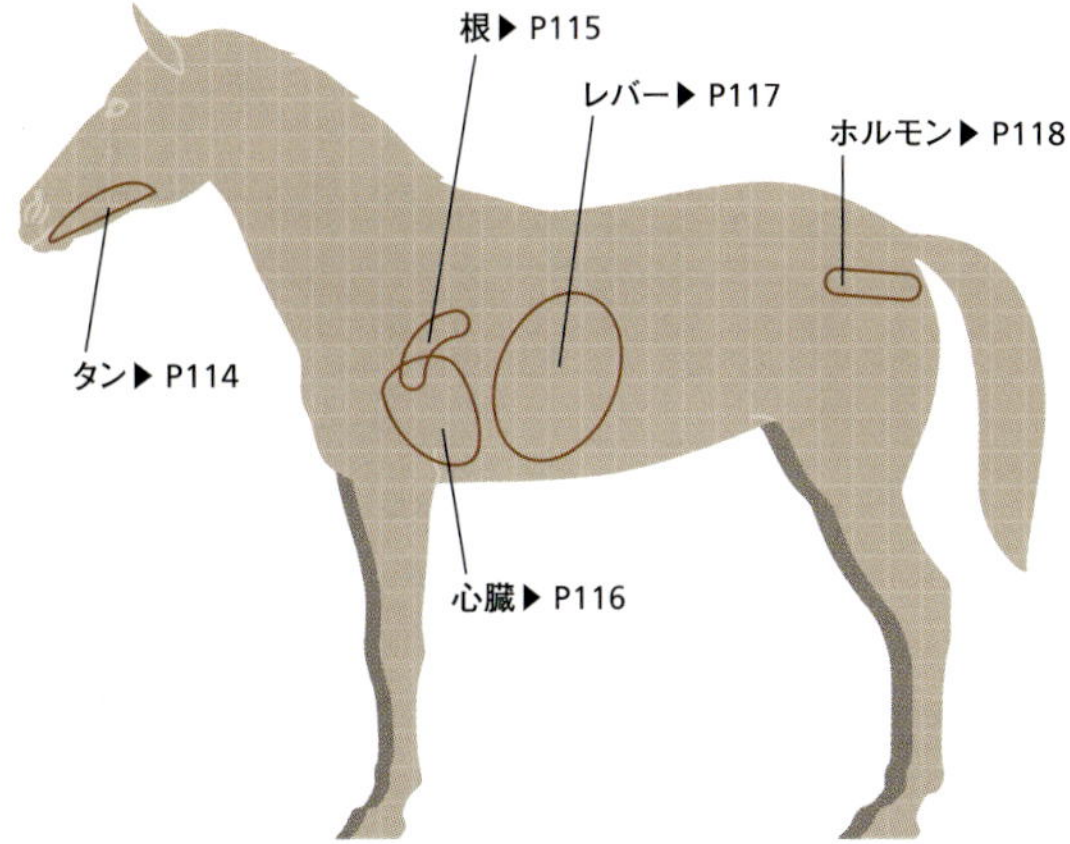

根▶ P115
レバー▶ P117
ホルモン▶ P118
タン▶ P114
心臓▶ P116

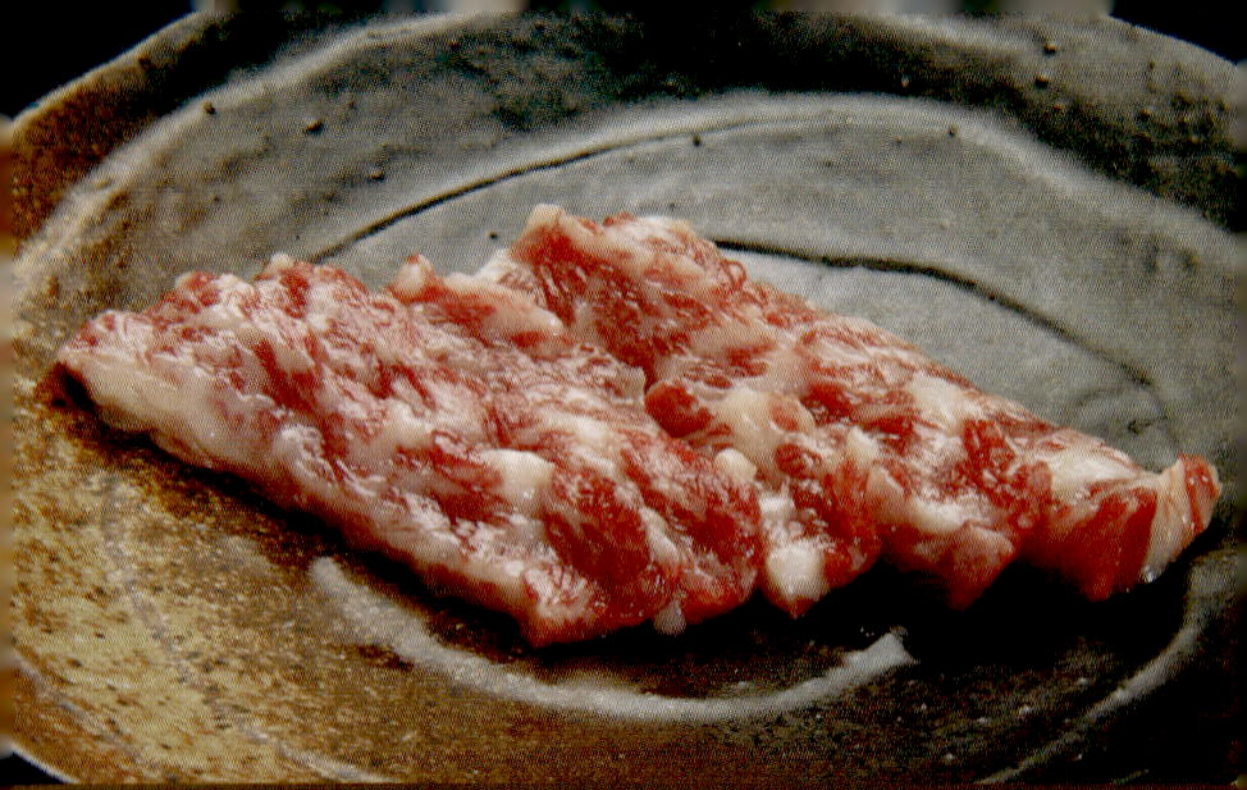

Tokusen-himo

特選ひも

Loin

背中の左右に各1本ずつ、ロースに近接して走る長い紐状の肉。銀座こじま屋では焼きのみだが、熊本では刺身で食べるのが普通。

「ロースひも」の別称にふさわしく、澄んだピンクの肉と純白の脂の混じり具合の美しさに、焼く前から思わずのどが鳴るほど。さっと炙《あぶ》って口に含めば、期待どおりの味にまたまたのどが鳴る。わずかに脂が勝るものの、肉とのバランスを損なうほどではなく、むしろこの部位の肉特有の上品な味わいを引き立てている。歯ごたえも見た目よりずっとしっかりしていて、食べた誰もが納得するひと品。

別称

ロースひも

値段の目安

★★☆☆☆

稀少度

★★★☆☆

Gokujoh-karubi

極上カルビ

Rib Meat - Upper section of forward ribs

前《まえ》バラ（三枚バラ。馬体前方、胸寄りのバラ肉＝肋骨《ろっこつ》周りの肉）のうち、背中に近い部位の、肋骨の外側の肉。後部で後バラの厚帯に繋《つな》がり、裏側の部位はひもという。特選馬刺し、また極上の握りずしにも使われる最高級の肉だから、当然お値段も張る。

筋目状にまんべんなく入った見事なさしからも想像できるように、脂と肉とのバランスのよさはぴか一。歯ごたえやわらかく舌ざわりは軽く、食感のすばらしさにまず驚かされる。そっと舌ににじむような脂は、あくまでも繊細で淡く甘く、胃にもたれない。さすが値段も人気もナンバーワンの逸品。

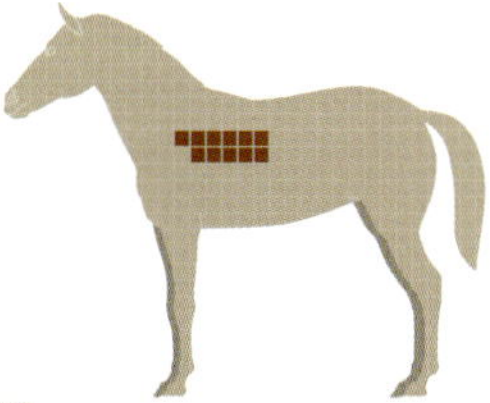

別称

三枚バラ

値段の目安

★★★☆☆

稀少度

★★★★☆

Hutaego

ふたえご

Rib Meat - Lower section of forward ribs

前《まえ》バラでも、極上カルビより腹部に近い、わき腹前部（胸寄り）の肉。裏側にひも、後方は後バラの特選カルビに繋《つな》がる。

赤身と脂身が、二層または三層に重なった肉質が珍しい。肥育状態のよい馬からわずかしか取れない稀少部位のため、常備されることは少ない。嚙みごたえはしこっと心地よく、味にもクセがないことから、一度食べた人は誰でもファンになるようだ。

「馬刺しなら脂がのったふたえごが一番」といい、豊かな甘さとこりっと軽い歯ごたえの刺身は、馬肉好きの食通の間で人気がある。

別称

値段の目安

★½☆☆☆

稀少度

★★☆☆☆

Atsuobi

厚帯

Rib Meat - Upper section of rear ribs

後バラ（ともバラ。馬体後方、腰寄りのバラ肉）のうち、背中に近い部位の肋骨《ろっこつ》の外側の肉。前方は前バラの極上カルビ、裏側は上ひも。

身にまんべんなく脂が差した肉は、まずは刺身で味わってみたい。しっとりと濃い脂はさらりと溶けて、しかもまったくといっていいほど口に残らない。脂好きにはこたえられないうれしさだ。しっかり焼くほど脂が溶けて、その分歯ごたえを増す。

馬体左右で約10kg取れるうち、見た目によって焼きまたは刺身用、ユッケ用などと分けるが、味はどの部分もそう変わらない。

別称

値段の目安

★★☆☆☆

稀少度

★★★☆☆

Joh-himo

上ひも

Rib Meat - Spare cuts between ribs

厚帯の裏側、前方は前《まえ》バラのひもに繋《つな》がる。肋骨《ろっこつ》と肋骨の間、牛でいえば中落ちカルビ（27頁）に当たる、いわゆるゲタと呼ばれる部分の肉。

肉と脂の紅白のコントラストは、生ばかりでなく焼いても美しく、ついつい箸が伸びる。濃密そうに見える脂は口に含んだ瞬間から、舌の上でさらさらっと溶けてゆくのがわかるほどだ。その一方で肉にはきちんと歯ごたえがあり、味もしっかりしていて見た目を裏切らない。

刺身では、肉も脂もこれといったクセ、また特徴は感じさせないが、その分あっさりと素直で食べやすい。

別称

値段の目安

★⯪☆☆☆

稀少度

★⯪☆☆☆

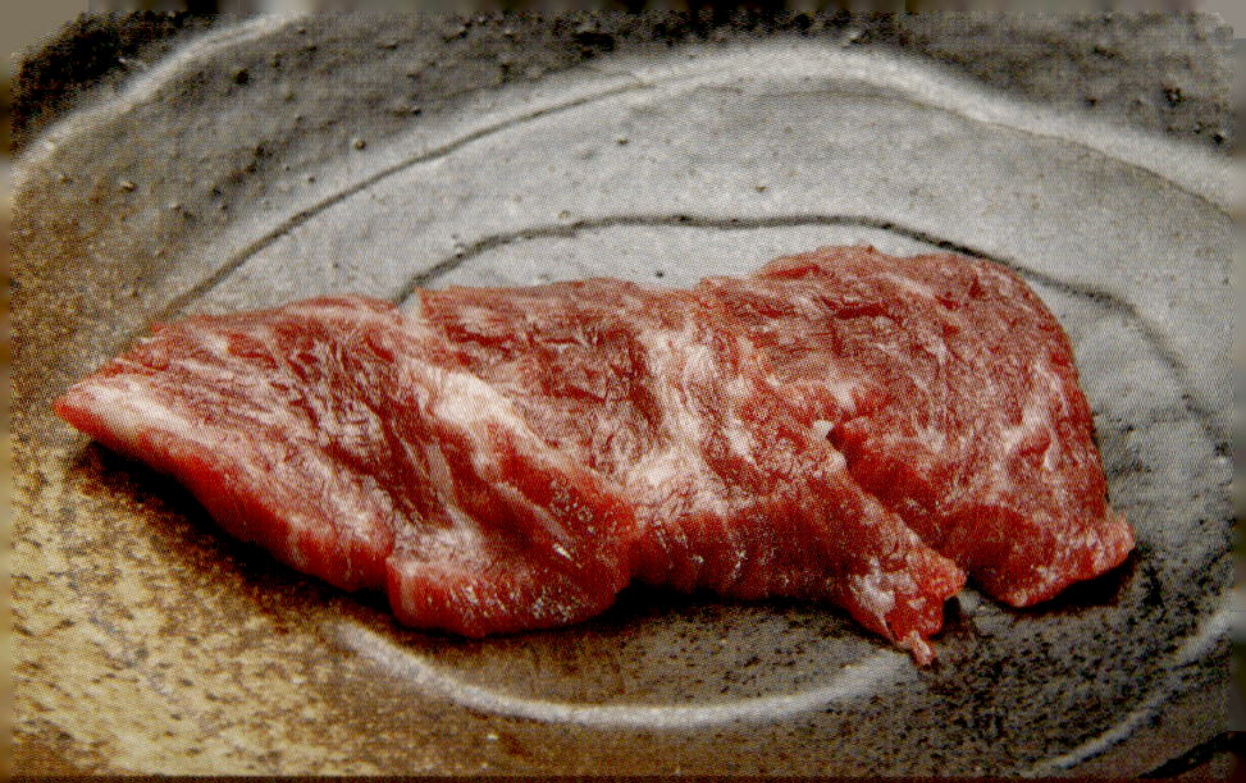

Tokusen-karubi

特選カルビ

Rib Meat - Lower section of rear ribs

後バラの、厚帯よりも腹部に近いわき腹部分の肉。前方で前バラのふたえごに、下方でカイノミと上カルビに繋がる。

見た目からも豊饒《ほうじょう》な味わいが想像できる、むっちりした姿がすばらしい。さらりと脂を走らせたこの肉は、片面は軽く焦げ目がつくくらい、もう一面はさっと炙《あぶ》る程度に焼く。次頁のカイノミ同様、焼き過ぎはご法度だ。脂は舌にほのかにやさしく、肉もさらりとして、くどさはまったくない。

刺身なら、あっさりした甘さだけでなく、脂と肉と歯ごたえ、この3つの見事なバランスを楽しめる。

別称

薄帯

値段の目安

★★⯪☆☆

稀少度

★★☆☆☆

Kainomi

カイノミ

Belly

後バラの一部、特選カルビと上カルビに挟まれた三角形の部分。バラ肉としては比較的稀少な部位といえる。

厚帯よりもやわらかく、細かなさしは入っているものの、肉質は赤身に近い。味と食感、つまり甘さとやわらかさを同時に楽しめる刺身が、女性にも歯に自信のなくなった年配者にも人気がある。

焼くときは、片面は軽く焦げて脂が浮く程度、もう片面はさっと火を通すくらいに。くれぐれも焼き過ぎないこと。熱で溶けた甘い脂と、やわらかい肉が過不足なくからまり合って、すばらしいのひとこと。

別称

値段の目安

★★☆☆☆（1.5）

稀少度

★★☆☆☆

Joh-karubi

上カルビ

Belly - Rear section

後バラのうちの馬体下部、腹周りの肉。バラ薄の別称は、同じバラ肉でも馬体の中・上部に比べて厚みが小さいことからか。ともかく牛と同様、焼肉にもっとも適した部位といえる（ただ本場熊本では、この肉も刺身で食べるという）。

うっすらと脂をまとった肉は適度な歯ごたえがあり、クセのない、いかにも期待どおりの肉らしい味に、脂の淡い甘さがじんわりとからまる。焼いてこそのこの味、この醍醐味《だいごみ》。

少なめの脂が肉の味を引き立て、するすると気持ちよく何枚でものどをすべってゆく。これは万人向けの味といえる。

別称

バラ薄、ちょうちん

値段の目安

★★☆☆☆

稀少度

★⯪☆☆☆

Tan

タン

← Tongue

舌、特にその根もと（舌先は硬いため使用しない。また、牛タンのように細かい部位には分けない）。

赤身にたっぷりのさしが入ったように見えるこの肉は、さっくり、ぷりぷりのステキな歯ごたえが楽しい。その独特の「切れ」を生かすには、薄く切ることがまず大切だという。

しっとり淡泊でやさしい味は、見た目どおり。クセもくどさもなく、身と脂は渾然《こんぜん》と一体化して、食べた後、口には雑味一つ残らない。

刺身は、しっくりからむような歯ごたえがよく、独特の淡い甘さが、舌にさわやかな印象を残す。

別称

値段の目安

★★½☆☆

稀少度

★★★☆☆

Ne
根
Aorta

心臓に直結している大動脈のこと。牛・豚ではコリコリあるいはハツもとと呼ぶ。管を開いてキレイに処理してあるとはいえ、この乳白色のいわば薄造りから、もとの大動脈の姿を想像するのは難しい。

　次頁の心臓同様の稀少部位ながら、食べ心地のよさは特筆ものだ。

　まずは思い切りしこしこ、こりこりした歯ごたえが、とにかく楽しい。それにこれといった味らしい味もクセもないから、塩であれたれであれ、好みの味でいただける。モツ好きばかりでなく、誰でも抵抗なく食べられるところがいい。刺身もさっぱりといける。

別称

心根（しんね）

値段の目安

★★☆☆☆（1.5）

稀少度

★★★☆☆

Shinzoh

心臓

Heart

牛・豚ではハツ（heart）と称することが多いが、馬の場合はストレートに「心臓」と呼ぶのが一般的なようだ。馬1頭から当然一つしか取れないわけで、これも稀少な部位といっていい。したがって常備されることはあまりなく、めぐり会う機会があったらぜひ味わっておきたい。

ご覧のとおり脂のないさらりとした身は赤身肉に似て、さっくりした歯ごたえと、味らしい味はないといっていいほどの淡泊さが特徴だ。いくらでも食べられるが、レアだとわずかに血の匂いを感じさせる。突き出しなどに使われることが多い。刺身もいい。

別称

値段の目安

★½☆☆☆

稀少度

★★☆☆☆

Rebah

レバー

Liver

　いうまでもなく肝臓《かんぞう》のこと。牛・豚ではモツのメイン素材だが、馬では稀少部位の一つ。

「刺身が一番」とする部位だけに、焼く場合は、ほとんど火を通さないくらいに軽く炙《あぶ》る。ごく軽く炙ることで、特に女性に好まれる、さっくりとここちよい歯切れがいっそう際立つ。

　刺身なら、こりこりの歯ごたえを生かすためにサイコロ状に切る。ごま油もいいけれど、塩で食べればあっさりした甘さがいっそう引き立つ。牛・豚のレバーに比べてくどさはまったくなく、初めての人にも抵抗なく食べられる（写真は焼きバージョンの生）。

別称

値段の目安

★⯪☆☆☆

稀少度

★★★☆☆

Horumon

ホルモン

Rectum

馬の場合は腸一般ではなく、直腸《ちょくちょう》のみを指す。内臓のうちではもっとも稀少で、また一番の高級部位とされる。開いて丁寧に下処理を済ませてから、食べごろの大きさに切る。

　部位が部位だけに万一のことも考えて、しっかり焼いて食べることが大事だ。でも、焼くほどに香ばしさが高まるのがうれしい。

　むにむにの歯ざわり、にゅるっとした舌ざわりと、独特の食感に加えて脂もたっぷりで、いかにも「これぞモツの王道」と感じさせる。

　モツならではの豊かなこくが楽しめる味噌煮込みもおすすめ。

別称

値段の目安

★★☆☆☆

稀少度

★★★☆☆

Tategami

たてがみ

Mane

　たてがみの生え際、コラーゲンが凝縮された部位。生食がほとんどながら、味・栄養価・効能を考えて、あえて番外として取り上げた。

　馬油《ばーゆ》は、広汎な利用分野と高い効能で知られる。なかでもたてがみだけから作る馬油は、料理の油代わりに、あるいは美容液代わり、傷薬代わりと、どのように用いても「最高」という。

　たてがみの刺身の、この美しさ。歯ざわりぷるぷる、さらりとした甘さはさわやかに口に溶けて、後には幸せな気分と「きっとキレイになれる」との期待がふくらむ。つまり「食べなきゃソン損」というわけです。

別称

コーネ

値段の目安

★☆☆☆☆

稀少度

★★☆☆☆

◎用途に合わせて改良

馬と人間の関わりの歴史は長い。家畜化されたといわれる紀元前4000~3000年ごろから、軍事、運搬、農耕用とさまざまな改良が重ねられてきた。現在、世界で飼育されている馬の品種は約200といわれる。

◎馬の品種の分け方

日本では一般的に体格を基準に分け、「軽《けい》種《しゅ》」「重種《じゅうしゅ》」「中間種《ちゅうかんしゅ》」に「在来種《ざいらいしゅ》」を加える。

①軽種　競馬・乗馬用のスマートな馬。体重は400~500kg。品種例はサラブレッド、アラブ、アングロアラブなど。

②重種　運搬・農耕用の筋肉質で重厚な馬。体重は800~1000kg。品種例はペルシュロン、シャイアー、ベルジャン、ブルトンなど。

③中間種　軽種と重種の混血種で種類が多い。馬術や乗馬に使われる。品種例はアングロ・ノルマン、トロッターなど。

④在来種　日本古来の在来馬の美点や特質を受け継ぐ貴重な馬。中・小型で頑健。北海道和種（北海道）、木曽馬《きそうま》（長野・岐阜）、野《の》間馬《まうま》（愛媛）、対州馬《たいしゅうば》（長崎）、御崎馬《みさきうま》（宮崎）、トカラ馬（鹿児島）、与那国馬《よなぐにうま》（沖縄）、宮古《みやこ》馬《うま》（沖縄）の8種類が保護されている。

◎食用にする品種

日本では、世界一大きいペルシュロン、ベルギー原産のベルジャン、フランス原産のブルトンなど、いずれも重種に分類される馬と、その交配種を専用牧場で育てることが多い。

鶏肉 〈正肉・内臓〉

Toriniku(Shoniku·Naizo)

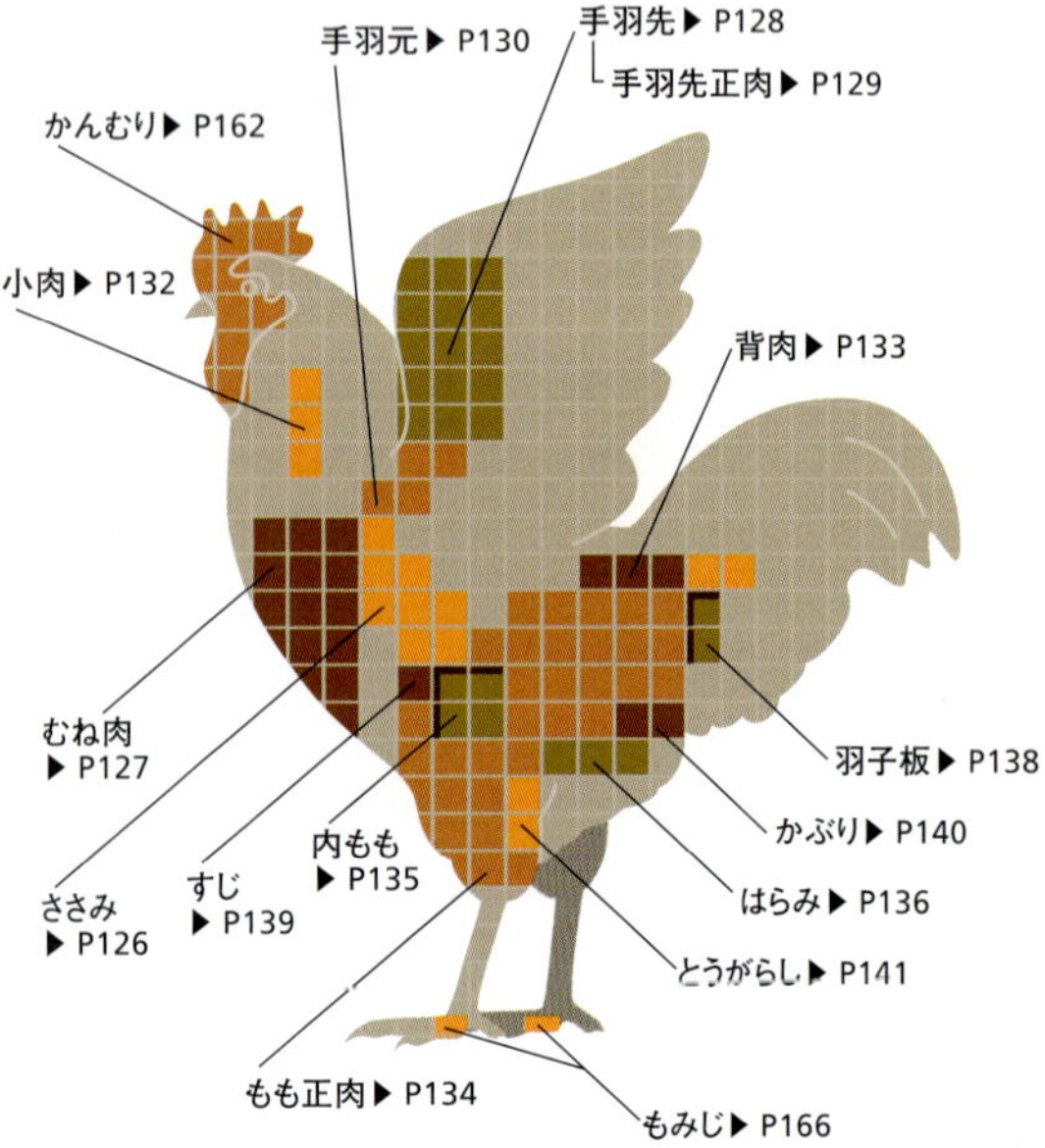
手羽元▶ P130
手羽先▶ P128
手羽先正肉▶ P129
かんむり▶ P162
小肉▶ P132
背肉▶ P133
むね肉
▶ P127
羽子板▶ P138
かぶり▶ P140
内もも
▶ P135
すじ
▶ P139
ささみ
▶ P126
はらみ▶ P136
とうがらし▶ P141
もも正肉▶ P134
もみじ▶ P166

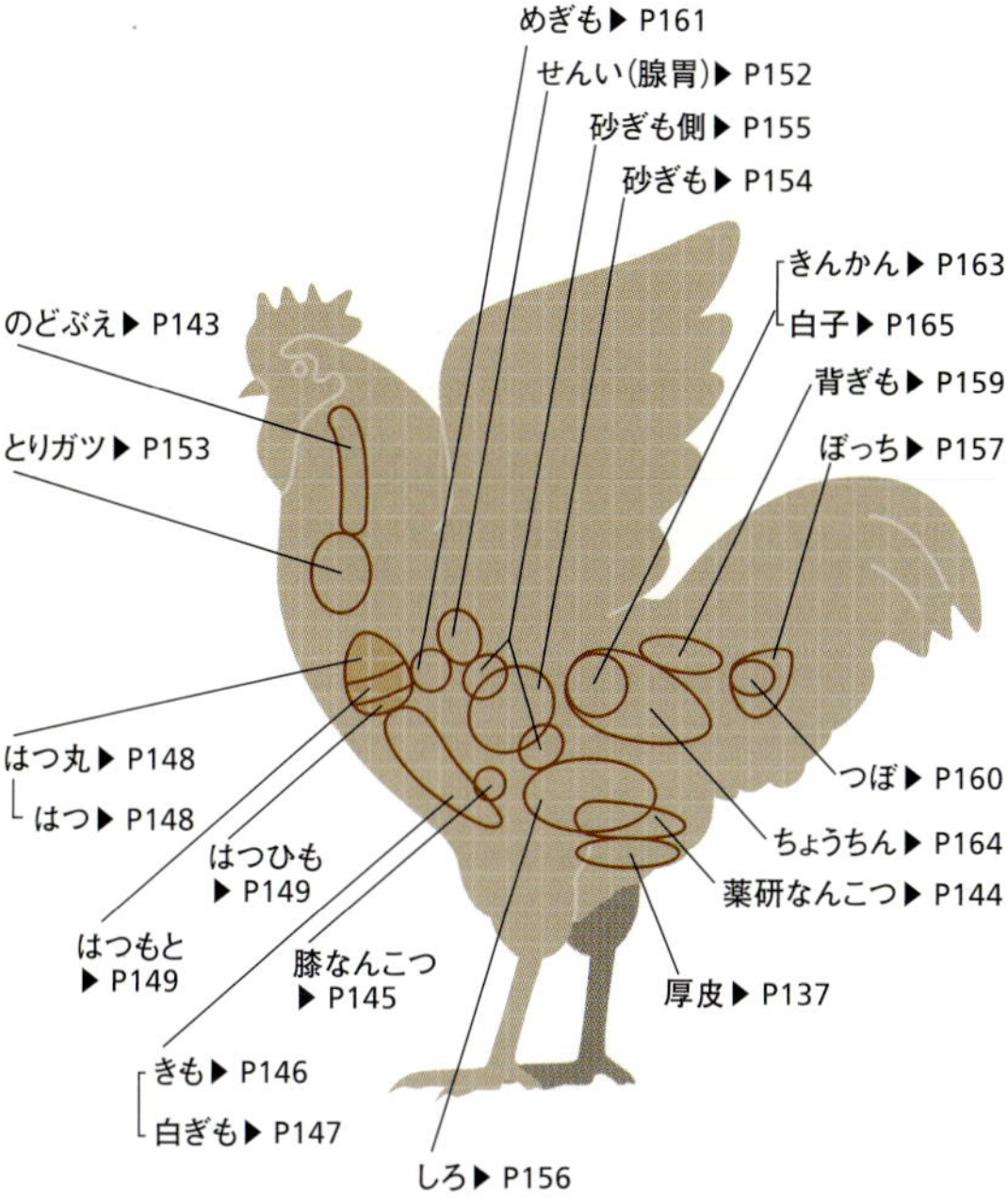

めぎも▶ P161
せんい(腺胃)▶ P152
砂ぎも側▶ P155
砂ぎも▶ P154
きんかん▶ P163
白子▶ P165
背ぎも▶ P159
ぼっち▶ P157
のどぶえ▶ P143
とりガツ▶ P153
はつ丸▶ P148
はつ▶ P148
はつひも
▶ P149
はつもと
▶ P149
膝なんこつ
▶ P145
きも▶ P146
白ぎも▶ P147
しろ▶ P156
つぼ▶ P160
ちょうちん▶ P164
薬研なんこつ▶ P144
厚皮▶ P137

鶏の基礎知識

◎小さいのに部位の分け方は大まか

鶏の部位は、以下の8つに大別される。

1手羽《てば》（手羽先《さき》・手羽中《なか》・手羽元《もと》）2むね 3もも 4ささみ 5皮 6ハツ（心臓）7レバー（肝《かん》臓《ぞう》）8砂ぎも（筋胃《きんい》）

これらメインの部位をさらに細かく切り分けたり、また別の部位を商品化したりして、焼鳥店の品書きは成り立っている。

◎小さな体からこれだけの串が

本書に掲載した串は41種。同一部位のバリエーションということで、撮影はしたけれど記事だけに留めた4本を加えれば45種！

あの小さな鶏たった1羽―雌雄それぞれにしかない部位、1羽ではひと串分が取れない超レアな部位、またヒネ鶏のもも肉も使っているから、ゲンミツには1羽ではないんですが―で、これだけ多彩な串をいっぺんにそろえることは（本書の取材協力店を除けば）、全国どこの店でもなかなかできないのではないだろうか。つまり今読者の皆さんが手にしているのは、かなりの焼鳥フリークでもおそらく初めて目にするに違いない、驚異の焼鳥ラインナップなのです。

◎小さくても栄養は豊富

牛・豚同様に、鶏も部位によって栄養価が異なる。たとえばささみはたんぱく質がたっぷり、砂ぎもは加えてビタミンB_2が豊富、もも肉はビタミンや脂質、たんぱく質のバランスがいいなど。体のこともアタマの隅に置きつつ、お気に入りのひと串を味わいたい。

◎「ブロイラー」は食肉専用若鶏の総称

大量飼育に耐え、短期間で肥育するように改良された食肉専用の若鶏を総称してブロイラーという。飼育期間は50日前後。肉質はやわらかく、淡白で低カロリー。

ブロイラーの生産は世界規模で徹底的に合理化されている。日本国内の流れを紹介すると、国外企業が繁殖させた「原々種鶏《げんげんしゅけい》」から生まれたひな＝「原種鶏」を国内企業が輸入して繁殖→「原種鶏」から生まれたひな＝「種鶏」を国内の専門農場で繁殖→「種鶏」から生まれたひな＝「コマーシャル」をブロイラー農家で飼育、出荷する。ちなみに「コマーシャル」は繁殖能力を持たない。国内の主要産地は宮崎・鹿児島・岩手の3県。

◎在来種の血を引く「地鶏《じどり》」

JASでは地鶏肉の規格基準を細かく定めている。なかでもかなめになるのは血統だ。在来種同士、または在来種と外国種を交配した雑種であることが求められる。在来種とは、明治時代までに国内で定着した品種のこと。JASでは比内鶏《ひないどり》、薩摩鶏《さつまどり》、コーチンなど38種を指定している。飼育期間は80日以上と長く、肉は締まって歯ごたえがある。

◎飼育方法を工夫した「銘柄鶏《めいがらどり》」

銘柄鶏とは、体が大きい肉専用種から生まれたひなを、通常のブロイラーとは反対に、植物性飼料やヨモギ、海藻など低エネルギーの餌を与え、肥育期間を長くするなどの工夫をして育てたもの。品質の表示義務がある。

Sasami

ささみ

Breast - Inner portion

大きなむね肉の内側にある。体内で一番使わない筋肉だからやわらかく、脂肪も少ない。牛や豚でいえばヒレに当たる。ささみの名は、形が笹の葉に似ていることから。

焼き方はレアがいい。透き通ったピンクの肉が、うっすら白く変われば食べごろ。色加減よくレアに焼き上げるのが、職人の腕の見せどころだ。

ほんのり甘い身はやわらかく、心なごむようなやさしく上品な味わい。塩であっさりと焼いた淡泊な身に、わさびと刻み海苔《のり》がことのほかよく合う。そばにたとえればささみはざる、次頁のむね肉はもりといったところ。

別称

値段の目安

★★½☆☆

稀少度

★☆☆☆☆

Muneniku

むね肉

Breast - Outer portion

胸の正面にある、浅胸筋《せんきょうきん》と呼ばれる大きな筋肉をいう。串に刺した姿も色も、ささみにそっくりだ。でもささみより身が締まっている分、ずっと歯ごたえがあって歯切れもいい。ぶりぶりの食感と、鶏のエキスを凝縮したような味に「これが好き」と頬を緩める人は多い。わさびを利かせれば、なるほどこれはそばでいえばもりです。

むね肉を使った人気の串につくねがある。むね肉に加えて卵やタマネギをつなぎに使ってたれで焼いた、子どもにも好かれる、いわば鶏肉のハンバーグ。けっこう甘くやさしく、しかも飽きない味にちょっとびっくり。

別称

かしわ

値段の目安

★★☆☆☆

稀少度

★☆☆☆☆

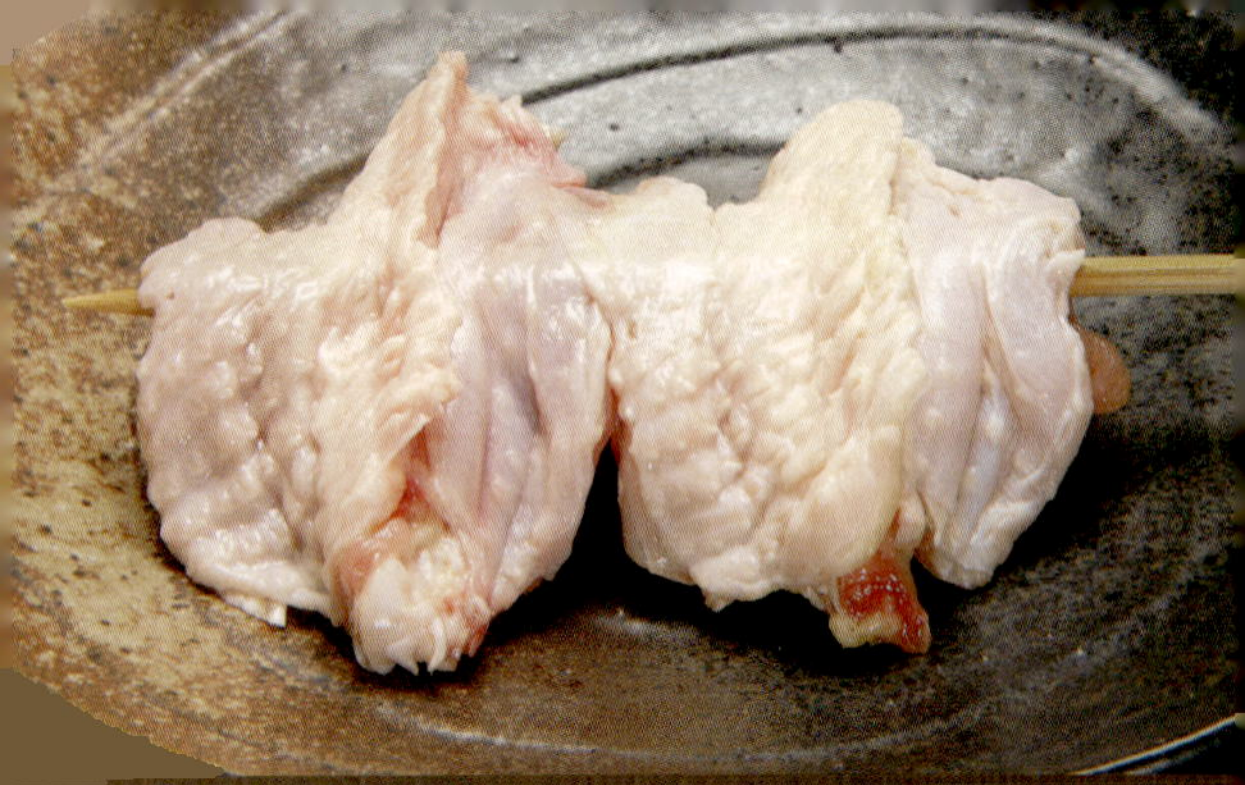

Tebasaki

手羽先

Wing

手羽先《てばさき》

翼の先端から肘《ひじ》にかけて、翼を動かすためのさまざまな筋肉が寄り集まっている部分を指す。

そのいろんな肉が集まった部位を、皮を残し、骨をつけたまま焼くのが手羽先のスタイルだ。鶏肉は骨つきのまま焼くほうが、骨からにじみ出るエキスが肉に移って、いっそう味わいが増すのだという。

さらりと塩を振って焼けば皮・肉・脂が渾然《こんぜん》と融合して、脂と甘さのバランスは申し分なく、かつ肉そのものの食べごたえも十分以上に楽しませてくれる。皮・肉・脂の三拍子をそろえて

別称

手羽、手羽中

値段の目安

★★⯪☆☆

稀少度

★☆☆☆☆

Tebasaki-shoniku

手羽先正肉

Wing - Deboned

焼鳥の王道を行く手羽先を「焼鳥ではこれがゼッタイ一番」とする熱烈なファンも多い。食べるときは、骨をくじるように回すと肉がうまく外れます。試してみてください。

手羽先正肉

手羽先から骨を取り除いた肉。やわらかく脂も汁気もあって、万人向きのオーソドックスな味といえる。いかにも栄養がありそうな豊饒《ほうじょう》感がいい。塩が普通だが、たれもよく合う。

この肉でネギを巻き、間にシシトウと椎茸《しいたけ》を挟んだ手羽先ねぎ巻、肉とネギを交互に刺したねぎ間も、オールラウンドな人気がある。

別称

手羽、手羽中

値段の目安

★★⯪☆☆

稀少度

★☆☆☆☆

Tebamoto

手羽元

Drumette

翼を動かす筋肉のうち肘《ひじ》から肩の付け根まで、上腕《じょうわん》二《に》頭筋《とうきん》と上腕三頭筋が手《て》羽《ば》元《もと》に当たる。手羽先《さき》とは違って、焼く際に骨はつけない。

時に空を飛ぶことさえ珍しくない鶏の翼の、人間でいえば二の腕の筋肉だから、当然運動量は多い。そのため肉質はしっかりして、ご覧のように脂も十分についている。

歯ごたえがあって噛み心地の安定した、鶏らしいクセのない肉。食感はむね肉に近いが、むね肉よりも脂が多くて汁気も豊かだ。食べているうち、じわじわと味がにじんでくるところも焼鳥っぽくていい。ポン酢が合う。

別称

値段の目安

★★½☆☆

稀少度

★½☆☆☆

Dango

団子

Meatball

むね肉、手羽肉、もも肉ほか、肉のすべての部位と、レバー（きも）はじめ何種類かの内臓。これらをすべて混ぜて粗挽きし、食べごろの大きさに丸めて串に刺したのが団子だ。この姿、確かに団子としかいいようがない。姿・形はつくねに似ているが、つくねはむね肉をメインにつなぎに卵などを使っているのに、こちらは肉・内臓のみでつなぎはいっさいなし。

歯ざわりはざらっと粗く、塩の利いた肉っぽく複雑な味に、脂の甘さがふんわりとからむ。ビールにぴったりの味と食感。お子さまにも好まれるつくねとは、きっちり一線を画している。

別称

値段の目安

★★⯪☆☆

稀少度

★⯪☆☆☆

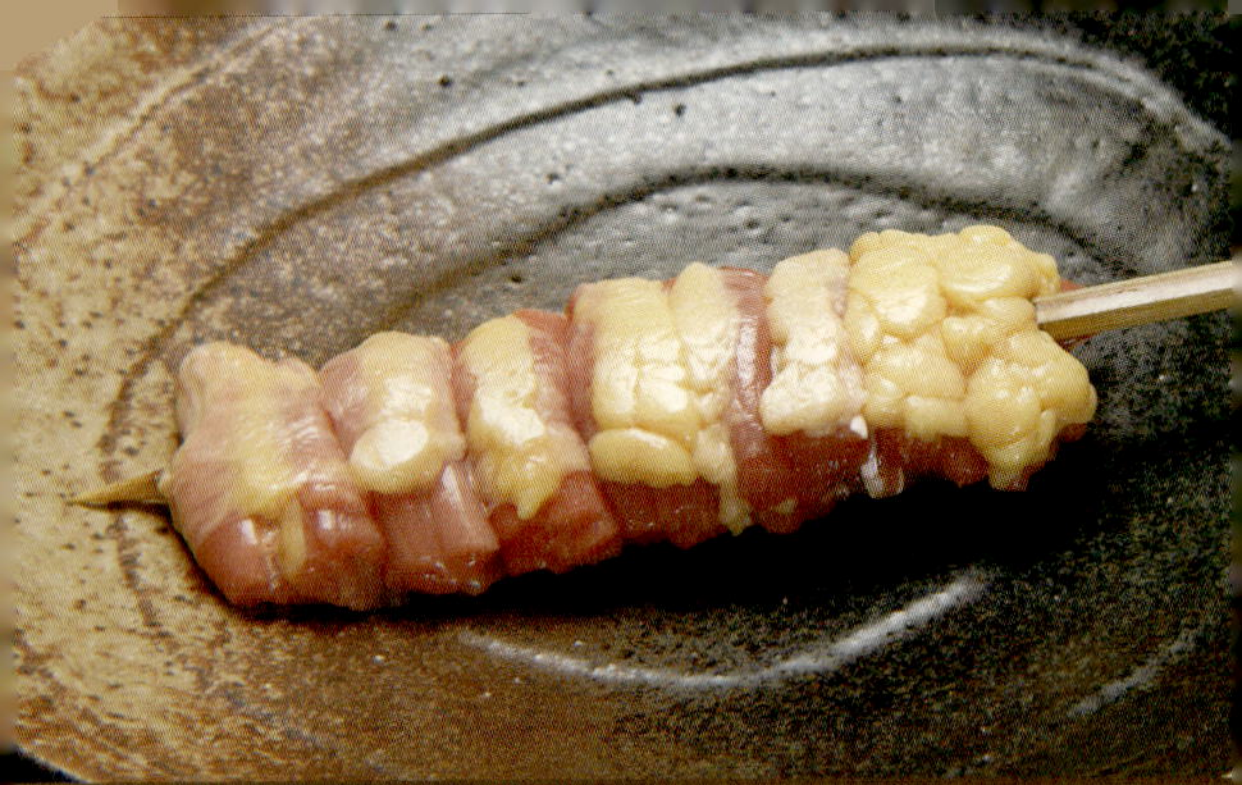

Koniku

小肉

Neck

錯綜筋《さくそうきん》・頸半棘《けいはんきょく》筋・頸長《けいちょう》筋ほか、たくさんの筋肉が寄り集まった、首周りの肉の総称。鶏の首は長く、いろんな種類の筋肉が集中しているのに、取れる量はごくわずかだ。だから小肉。別称のせせりは、肉をチマチマせせる（つっく、ほじくる）ようにして取ることから来ている。

よく使う筋肉だけに、多少筋っぽいものの身が締まって歯ごたえがあり、脂ものっている。この肉々しさと脂っぽさ、たっぷりの汁気は、塩でこそ生きる。ところで小肉は肉かモツか。モツとして扱う店もあるが、一般的には肉に分類されるようだ。

別称

せせり、首肉

値段の目安

★★½☆☆

稀少度

★½☆☆☆

Seniku

背肉

Meat near the ischium - the lower rear part of the hipbone

坐骨《ざこつ》の上部、ももの付け根近くにある穴（坐骨孔）近辺の筋肉。外見でいえば鶏の背中の下端に当たる。背肉の名はここから。

澄んだ赤い肉がドーンとあって、周りに美しい純白の脂がたっぷり。見るからにリッチなこのひと串、牛肉ならサーロインといったところ。歯ごたえは力強く、嚙めばあふれるほどの肉汁が口に満ちる。思い切り食べでがありながら味はそれほど濃くはなく、これこそ肉好き垂涎《すいぜん》の味といえよう。「特上の鶏肉の味」として、愛してやまないファンもいる。1羽からやっとこの串1本。塩で。

別称

ソリ、ソレリス

値段の目安

★★½☆☆

稀少度

★★☆☆☆

Momo-shoniku

もも正肉

Thigh

もも肉は、大腿筋膜張筋《だいたいきんまくちょうきん》、大腿二《に》頭《とう》筋、また長腓骨《ちょうひこつ》筋など、人間でいえば太ももとふくらはぎの筋肉の総称。いうまでもなく運動量は非常に多い。

もも正肉

写真は生後150日、ちょうど成人(?)したての鶏のもも正肉。透明・新鮮な赤身にうっすら脂肪が差した様子は、羞《は》じらう少女の頬のように甘やかだ。それでいてきちんと歯ごたえがあり、残らず噛みしめるうち、豊かな汁気をからませつつ肉っぽい味が湧いてくる。肉には臭みがなく、塩がさっぱりとよく合う。

もも正肉とシシトウ、ネギを交互に

別称

かしわ

値段の目安

★★⯪☆☆

稀少度

★☆☆☆☆

Uchi-momo

内もも

Thigh - Inner portion

挟んだはさみ焼は、ねぎ間によく似ている。歯ごたえよく味もオーソドックスな、いかにも焼鳥めいたひと串はたれでいただく。

内もも

ももの内側の肉。上掲写真の肉の滑らかさが示すように、さまざまな筋肉が集まったもも肉のうちで、筋がないたった一つの部位。スムーズな歯切れで誰にも食べやすく、いかにも肉らしいこの肉は、レアで焼いてこそ味わいはいっそう深くあふれる。塩、たれどちらでも。レア向きのことからもわかるように、もも肉では唯一、刺身にもぴったり。この串1本が1羽分。

別称

値段の目安

★★½☆☆

稀少度

★★☆☆☆

Harami

はらみ

Belly

はらみ

鶏の下腹（といってもわかりにくいけれど、下に図示したあたりです）にある、厚皮《あつかわ》（次項）に覆われた大きな外腹斜筋《がいふくしゃきん》のこと。四足獣ならバラに当たる部分。だからはらみといっても、牛・豚のハラミとは機能も部位もまったく異なる。

　肉と脂肪のバランスが取れて、歯ごたえがあって歯切れもいい。ふっくらした食感を楽しみながら嚙むうち、鶏モツらしい味とともに、ハーブを利かせたみたいな独特の香りがしみじみと湧き上がってくる。この香りを楽しまなくては。たれで食べるのが一般的。塩だとわずかに匂いが気になるが、味

別称

値段の目安

★★☆☆☆

稀少度

★★⯪☆☆

Atsukawa

厚皮

Belly with skin

はいっそう深まるようだ。この串1本が2羽分。

厚皮

下腹の皮に、はらみが差し込んだ部分。きれいに仕上がった串は、ぽっちりのはらみを皮と脂がやさしげにくるんでいて、まるで皮と脂、はらみの3つのミルフィーユといった風。

厚皮の名前どおりぼってりと厚いから、嚙めばむにむにと歯にまとわりついて、しかも若々しい弾力がある。脂肪が多いが、特にくどいというほどではない。塩であっさりと焼き、ユズ胡《こ》椒《しょう》を合わせれば、三位一体《さんみいったい》の味がさらに引き立つ。この串1本が2羽分。

別称

腹皮

値段の目安

★★⯪☆☆

稀少度

★★⯪☆☆

Hagoita

羽子板

Pelvis Meat

尾羽の付け根近く、坐骨《ざこつ》上部についている、主として尾羽を動かすための薄い筋肉。運動量が多い部位だから、筋肉は薄いとはいえよく発達し、脂肪も十分に差している。推奨できる部位ながら量的には少なく、品書にあれば迷わず注文したい。肉の形が似ていることから羽子板《はごいた》と呼ぶ。

　さらりと塩で焼いた肉は、口に含んだだけでとろけるくらいやわらかく、脂の質もくどくない。ぷりっとした歯ごたえが、いっそう食感をよくしている。肉と脂のバランスがとれた万人向きのやさしい味は、回復期の病人にもよさそうだ。この串1本が3羽分。

別称

値段の目安

★★☆☆☆

稀少度

★★★☆☆

Suji
すじ
Knee Joint Meat

膝《ひざ》の軟骨（大腿《だいたい》骨と脛《けい》骨・腓骨《ひこつ》を繋《つな》ぐ関節の骨）部分から、軟骨を外して残った肉をいう。ここも運動量の多い部位だから、肉質はしっかりした赤身にきちんと脂肪が差している。

骨は外してあるし脂も十分なのに、そこに軟骨がコラボレートしたみたいな、このこりこりの歯ごたえはどうだろう。しかもこりっと噛むと同時に、こくのある甘さがじゅじゅっとあふれてくる。こんな抜群の食感からか、数ある焼鳥のなかでも五本の指に入る人気を誇っている。

たれや塩よりも生醤油《きじょうゆ》が合う。この串1本が4羽分。

別称

値段の目安

★★⯪☆☆

稀少度

★★⯪☆☆

Kaburi

かぶり

Thigh and Belly with Skin

皮にもも肉（のうちでも主として大腿二《だいたいに》頭筋《とうきん》）が差し込んだ部分。皮と筋肉の取り合わせでも厚皮《あつかわ》（137頁）とはずいぶん見た目が違う。ピンクの肉と白い脂肪の対比がキレイだ。肉が脂をかぶっているように見えることから、かぶりと呼ぶ。

　もも肉では一番ジューシーな、いわばトロに当たる最高の部位。肉と脂のからみ具合がすばらしく、こってりした味にたっぷり豊かな食感は、なるほどトロと称《たた》えられて当然か。量感あふれる味には塩がぴったり。脂好きにはこたえられない、特におすすめのひと串。この串1本が1・5羽分。

別称

－－－－－－

値段の目安

★★★☆☆（2.5）

稀少度

★★☆☆☆

Tohgarashi

とうがらし

Thigh - Lower portion

下ももの下腿三頭筋《かたいさんとうきん》、人間でいえばこむら＝ふくらはぎの筋肉に当たる。部位にもよるけれど、一般にもも肉の食感は硬めで、汁気が少なく多少パサつくといわれるが、とうがらしは別。もも肉とはいいながら、張りがあってみずみずしいのが特徴だ。

　滑らかな肌合いと色、つや、形。唐《とう》辛子《がらし》ほど赤くなく、むろん味は縁もゆかりもないものの、姿は愛らしく、食べる前から期待が湧く。

　塩で焼いた肉をひと口嚙めば、歯ざわりはやさしく、汁気も感じさせて、肉好きを喜ばせるじつにオーソドックスな味。この串1本が1羽分。

別称

下もも

値段の目安

★★½☆☆

稀少度

★★☆☆☆

Hine

ひね

Thigh - Mature Bird

ほぼ廃鶏《はいけい》に近い、生後500日ほどの種鶏のもも肉をいう。一般によく食べられている若鶏は生後60日前後が普通だから、その8倍以上の長生き。確かに相当ヒネて（年取って）いる。
肉質はあごがくたびれるほど、3本食べたら消化不良が心配になるほど硬く（大げさでなく）、見た目からは思いもつかない。といって噛み切れないほどではなく、噛むうちに鶏本来の味が湧出してきて、塩味としっくりからまり合う。この奥深さこそ、昔ながらの鶏肉の持ち味か。話の種に一度はどうぞ。ちなみに皮は、ゴムみたいでとても食べられないという。

別称

親もも、ローチー、かしわ

値段の目安

★★⯪☆☆

稀少度

★★☆☆☆

Nodobue

のどぶえ

Windpipe

呼吸をする際の空気の通り道、気管のこと。気管は先端がのどに繋《つな》がり、後端は気管支に分岐する円筒状の長い管。のどからそ嚢《のう》（153頁。とりガツ）近くまでは食道と密着して走っている。そのためか、気管と食道を一つ串に刺して提供する店もある。上掲の串は気管のみを刺したものだ。

細い管の周りを脂と身肉がみっしり取り巻いている様子が、写真からもよくわかる。管の部分はなんこつ風のこりこり、脂はジューシーで甘い。こりこり感と脂感が競演しつつ、塩で焼いた味は案外さらりとしている。この串1本が5羽分とレア。

別称

さえずり

値段の目安

★★☆☆☆

稀少度

★★★½☆

Yagen-nankotsu

薬研なんこつ

Tip of Breastbone

肉がついたままの胸骨の先端部＝薬《や》研《げん》（舟形で中央が深くくぼんだ、漢方薬材を粉砕するための道具。形が似ていることからこう呼ばれる）のこと。写真の串は肉と骨を合わせたのではなく、もとの姿そのままを切って刺してある。肉ははらみ（136頁）。

薬研とはらみの、それぞれ趣が違うこりこり感のアンサンブルが楽しい。歯ごたえのある薬研は噛んでいるうちにやわらかくなり、軟骨特有の味がにじんでくる。そこにはらみの脂が混じり合って食感ほどよく、食べごたえもある。肉の甘さがやわらかく軟骨をくるむ塩梅《あんばい》がいい。女性に人気。塩。

別称

カッパ

値段の目安

★★☆☆☆

稀少度

★½☆☆☆

Hiza-nankotsu

膝なんこつ

Knee Cartilage

大腿骨《だいたいこつ》と脛《けい》骨・腓《ひ》骨を繋《つな》ぐ膝関節の軟骨を指す。写真の串は肉と骨を合わせたのではなく、薬研なんこつ同様にもとの姿そのままに切って刺したものだ。ついているのはもも肉。この部位からもも肉を外して、膝なんこつとすじ（139頁）に分ける。

骨の部分は薬研なんこつよりずっと歯ごたえがあって、こりこりというよりむしろごりごりに近い。肉の部分もはっきりした舌ざわりだ。

歯に抵抗する硬めの軟骨と、脂を含んで甘い肉との二重奏。じっくり味わいたいところだが、歯に自信のない人はさっさと呑み込むのが得策。塩。

別称

ぐりぐり

値段の目安

★★☆☆☆

稀少度

★⯪☆☆☆

Kimo

きも

Liver

きも

肝臓《かんぞう》、というよりレバーのほうが通りがいい。牛・豚に限らず、鶏のきももビタミンA・B_2・E、ほかに鉄分などのミネラルも含んで栄養満点だ。

たれで焼いた鮮度抜群のひと串をほお張れば、歯ごたえはぷりぷり。とろりと溶けて口に広がる、レバー独特の濃厚な味とこくがすばらしい。次項の白ぎもに対して赤ぎもと呼ぶことも。

白ぎも

同じ肝臓でも、これは鶏の脂肪肝《しぼうかん》、鶏のフォアグラ。鴨のフォアグラは人工的に作られるが、白ぎもは正真正銘の天然もの。寒い東北地方で、越冬の

別称

レバー、赤ぎも、血ぎも

値段の目安

★★☆☆☆

稀少度

★☆☆☆☆

Sirogimo

白ぎも

Fatty Liver

ためにいい餌を真っ先に食べるボス鶏の脂肪肝だ。といっても脂肪肝の持ち主に雄鳥は少なく、ほとんどが卵を産むための養分を必要とする雌鳥だという。写真の串1本が1羽分だけれど、100羽に1羽いればめっけものというから、部位的にはともかく、超レアなひと串であることは間違いない。

　名前どおり色は白く、食感は噛むまでもなく溶けるほど濃厚、かつやわらかい。脂のにじみ具合と甘さはどこまでも深く、まさに栄養と贅沢のカタマリ。鴨のそれに比べて臭みがなく、塩がすてきによく合う。鶏でありながら鶏を超えた、これこそ絶対域の味。

別称

白レバー

値段の目安

★★★½☆

稀少度

★★★★★

Hatsu-maru
はつ丸
Heart with blood vessels attached

Hatsu
はつ
Heart

Hatsu-moto

はつもと

Base of heart

Hatsu-himo

はつひも

Blood vessels from around heart

【はつ丸】

別称

値段の目安

★★★☆☆☆ (2.5)

稀少度

★½☆☆☆☆ (1.5)

【はつ】

別称

こころ

値段の目安

★★☆☆☆

稀少度

★☆☆☆☆

【はつもと】

別称

値段の目安

★★½☆☆ (2.5)

稀少度

★★☆☆☆

【はつひも】

別称

値段の目安

★★☆☆☆

稀少度

★★★☆☆

はつ丸（写真148頁上）

周囲の血管や脂肪などを取り除いていない心臓（といってもむろん下処理はしてある）、心臓丸ごとのこと。

ご覧のようにひと切れはかなり大きく、とてもジューシーでうっすら甘い。濃厚なこくがありながらくどくなく、後から脂が口に広がる。白い部分は脂肪と血管のカタマリ。塩。

はつ（写真148頁下）

心臓。よく磨いて余分なものを取り去った、きれいな串姿。さくっとした歯切れは砂ぎも（154頁）よりいく分やわらかい。塩が合うあっさり味に臭みはまったくなく、微かに清涼な血の匂いを感じさせて新鮮だ。

はつもと（写真149頁上）

心臓の根もと、次項のはつひもが繋《つな》がる部分。少々クセがあるものの、歯切れのよさは抜群。ジューシーでやわらかく、脂が利いた身はさっくさく。塩。この串1本で6羽分と量はあまり取れない。

はつひも（写真149頁下）

心臓部のはつもとに繋がる血管の集まり。ジューシーだけど筋張っていて歯ごたえがある。口の中でいつまでもむにむにと噛んでいると、やがて牛肉みたいな味がにじみ出てくる。いかにもモツっぽい大人の味には塩が合う。この串1本がなんと8羽分だが、特にレアというほどではない。

Sen-i

せんい（腺胃）

Stomach

食道後端のとりガツ（そ囊《のう》。次頁）の下方に繋《つな》がり、砂ぎも（筋胃《きんい》。154頁）のすぐ前に位置する第一胃のこと。前胃ともいい、そ囊や筋胃に比べるとずっと小さい。そ囊から送られてきた食物を筋胃に送り出す、いわば中継点の役目を果たす。

写真で見るとおり脂肪がみっしりと巻いた身は、むにむにした歯ざわりがさもモツっぽくていい。歯切れでは負けるけれど、食感は牛タンに似ていなくもない。しかし脂が潤沢なためか、甘さが迫る豊潤な味わいについては、こちらに分があるようだ。生醤油《きじょうゆ》が合う。この串1本が3羽分。

別称

値段の目安

★★☆☆☆

稀少度

★★★☆☆

Tori-gatsu

とりガツ

Esophagus

そ嚢（食道の後端にある大きな袋状の部位。食物を一時貯えてから腺胃を経て筋胃に送る器官）のこと。鶏ではこの部位はよく発達している。

12切れもの小片をキレイに刺した、串姿の愛らしさがすばらしい。

食感が豚のガツ（胃）に似ているからこの名がついたというとおり、こりこりの噛み心地は確かに豚のガツを思わせる。でも歯ごたえがありながら、豚ガツよりはやわらかい。

新鮮な魚の胃袋みたいな、ほんのわずか青臭い独特の味は、日本酒にぴったりだ。生醤油で。この串1本が4羽分とレアな部位。

別称

値段の目安

★★½☆☆

稀少度

★★★½☆

Sunagimo

砂ぎも

Gizzard

砂《すな》ぎも

胃袋の一つ、筋胃《きんい》(砂嚢《さのう》とも)のこと。砂嚢＝砂袋ともいうとおり、飲み込んだ食物を内部に溜めた小石や砂粒と一緒に撹拌《かくはん》し、細かく砕く働き―哺乳動物の歯と同じ働きをする。その仕事柄からか筋がやたら発達していて壁の厚い、とにかく強靱《きょうじん》な胃袋だ。

さくっと歯切れよく、しかも歯ごたえのあるこりこりの食感が好まれて、多くのファンが「焼鳥といえばまず砂ぎも」を挙げるほど人気は高い。赤く澄んだ身は塩を振って焼くとほとんど真っ黒になるが、味はさらっとして香ばしく、ちらっと独特のクセも感じが

別称

砂ずり、ずり

値段の目安

★★☆☆☆

稀少度

★☆☆☆☆

Sunagimo-gawa

砂ぎも側

Intermediate muscle of gizzards

いい。写真の一品は地鶏の砂ぎも。ブロイラーの3〜4倍はあるくらい大きく、歯ごたえ・甘みとも高い。

たんぱく質や脂肪は少ない代わり、新陳代謝を促し、味覚や嗅覚を正常に保つ働きのある亜鉛を多く含む。亜鉛には男性の生殖能力維持効果もある。

砂ぎも側《がわ》

砂ぎもの周りについている、中間筋《ちゅうかんきん》と呼ばれる部位。砂ぎもといいながら特有のクセは感じさせず、しかも驚きのやわらかさ。確かな食感と甘さがあり、砂ぎもとは違う自分の味をきちっと主張する。この串1本が6羽分。これも塩で。

別称

値段の目安

★★☆☆☆

稀少度

★★★☆☆

Shiro

しろ

Small Intestine

先端部で十二指腸《じゅうにしちょう》、後端部で回腸《かいちょう》と繋《つな》がる空腸《くうちょう》のこと。空腸は、四足獣と違って小腸や大腸を持っていない鶏に特有の部位で、鶏の腸のうちでは一番長い。管の周りを脂が取り巻いているところは、牛の小腸に似ている。

牛・豚のモツを食べ慣れている人でも、ただ「しろ」と聞いてこの串を想像するのは難しい。牛・豚の腸には見られない、繊細・端正な串姿がいい。

しこしこした歯ごたえ、口に残る独特の香りとあえかな味。食感は豚のしろより勝るといえよう。生醤油《きじょうゆ》で焼けば、繊細な持ち味がいっそう生きる。なかなか口にできない超レアな串。

別称

値段の目安

★★☆☆☆（2.5）

稀少度

★★★★★

Bocchi

ぼっち

Parson's Nose - Tail

尾羽の付け根にある尾端骨《びたんこつ》（尾骨）周りの三角形の肉。その形からさんかくとも呼ばれる。脂肪に包まれた肉は運動量が多く、よく発達しているが、場所が場所だけに取れる量はごく少ない。鶏のうちでも、もっとも脂肪が多い部位の一つ。

見た目はほとんど脂のカタマリ、とてもジューシーでとろけるような食感は、脂と皮の中間くらいといったところか。意外に歯切れよく、やわらかいのに歯ごたえもある。脂は甘く、よく焼くと脂が落ちてもちもち感が増す。濃厚な味には、生醤油で焼いてネギと一緒に食べるのがベスト。

別称

ぼんじり、ぼんちり、ぼんぼち、ペタ

値段の目安

★★☆☆☆

稀少度

★½☆☆☆

Kawa

皮

Skin

ぱっと見ではとても見当がつかない(というより、いくら見てもさっぱりわからない)けれど、じつはこの串には、4種類の鶏皮が刺してある。焼鳥で皮といえば普通は首の皮だけなのに、うーん、この快挙。

食感が滑らかな割にこりこりの歯ごたえがある、皮一番人気の首皮。首より少し厚めのもも皮。そしてむねと手《て》羽先《ばさき》の皮。4つを食べ分けられれば、焼鳥のマイスターといっていいか。

全体に脂が多くねっとりしているから、塩でさっぱりと焼く。歯切れはよく、濃厚な甘さが舌をくるみ込むようだ。コラーゲンたっぷりで女性向き。

別称

値段の目安

★★☆☆☆

稀少度

★☆☆☆☆

Segimo
背ぎも
Kidney

泌尿器官の一つ、腎臓《じんぞう》のこと。豚ならまめと呼ばれる部位に相当する。ちょうちん（164頁）の串姿に見るとおり、卵巣《らんそう》や卵管《らんかん》の至近にあり、尾に近い背側に位置する臓器だから、背ぎもと呼ぶ。

見た目はあまりぱっとしないが、すじ（139頁）ときも（146頁）を合わせたような、きもに似てきもより歯にからみ、そしてきもに勝る複雑な味わいは、なかなかに捨て難い。食感は濃厚で甘さを含み、脂も十分についている。この濃厚さにはたれが合う。外すのに手間がかかるのに、取れる量はわずか。この串1本が2羽分。

別称

値段の目安

★★☆☆☆

稀少度

★★½☆☆

Tsubo

つぼ

Preen Gland - Tail

尾腺《びせん》。尾の付け根近くにあるワックス入れというか、脂壺《あぶらつぼ》というか。鶏の羽づくろいは、防水のため自分の体に脂を塗る行動だが、その防水用のワックスが入っている器官が尾腺だ。小さなピンクの脂壺が6つ、先端部の突起をちょこんと並べた姿が愛らしい。

　ほとんど脂のカタマリそのものだから、食感はぼっち（157頁）にそっくりといっていい。でも、つぼにはわずかに清爽《せいそう》な香気《こうき》があり、やさしげなさらさらの脂は、やわらかく口に溶ける。生醤油《きじょうゆ》との相性がいい、女性に人気のひと串。尾腺は1羽に1個なので、串に刺さっている1個が1羽分。

別称

尻脂

値段の目安

★★☆☆☆

稀少度

★★☆☆☆

Megimo

めぎも

Spleen

脾臓《ひぞう》（腺胃《せんい》と肝臓《かんぞう》の間にある小さな器官）のこと。豚のチレ（93頁）と同じ機能を持つ。めぎもの名前は、目がよくなるきも、つまり目肝から来ているそうな。それにしてもこの姿。いきなり出されたら、とても焼鳥の串とは思えない。醤油漬けのギンナン（そんなモノないけど）みたいだ。

きも（146頁）に似た味には若干の苦みがあり、食べた後に微かな血の匂いも感じさせる。でもこれは鉄分が多い証し。たれで焼いた大人向きの味がイケるが、苦さも加わってちょっぴり薬っぽく、いかにも効きそう。前頁のつぼ同様、1個が1羽分。

別称

丸ぎも、まめ、まめぎも

値段の目安

★★☆☆☆

稀少度

★★½☆☆

Kam-muri

かんむり

Comb

むつかしくいうと鶏冠《けいかん》、つまり鶏の頭頂部にある肉質の冠状突起。平たくいえば、とさかのこと。雄鳥が特に発達しているのはご存じのとおり。細菌の侵入を防ぐことと併せて、保水力が高く、肌の潤いを保つ効能があるヒアルロン酸がたっぷりだ。

歯ざわりはねっとりと脂のよう。噛めばむにゅっ、ぷりっとしたモツっぽい歯ごたえのなかに、微かな匂いを含んでいる。見た目を超えたねっとり感と味の深さを、大根おろしとポン酢で楽しみたい。この串1本が6羽分。コラーゲンのカタマリみたいなものだから、食べた翌日は肌がつるっつる!?

別称

とさか

値段の目安

★★☆☆☆

稀少度

★★★★☆（3.5）

Kinkan

きんかん

Yolk of egg from within ovary

卵巣《らんそう》や卵管《らんかん》内にある鶏卵《けいらん》。といっても殻がないから、いわば「裸の卵黄」状態だ。もちろん、成長した雌鶏からしか取れない。きんかんの名前は、見た目がよく似た柑橘《かんきつ》類のキンカン（金柑）から。

　生のままで串に刺したらつぶれてしまうから、さっと軽く湯がいてある。串に刺してつぶれるかつぶれないかぐらい、口に含んだ瞬間に弾ける精妙な湯がき加減は、昨日や今日の修業でできるワザではない。普通の卵に比べて味ははるかに濃厚、リッチなとろとろ感は比べものにならない。濃い持ち味にたれが合う。この串1本が1羽分。

別称

値段の目安

★★☆☆☆

稀少度

★★☆☆☆

Chochin

ちょうちん

Ovary

卵黄つきのこの部位は、前頁のきんかんと同じく、もちろん成長した雌鶏からしか取れない。牛・豚のモツ類ではあり得ない、4つの部位をずらりと繋《つな》げたままの状態がちょうちんだ。

写真左上部の球形は卵胞《らんぽう》。串には左から卵巣《らんそう》・せぎも（159頁）・卵管《らんかん》が刺してある。

4つをいっぺんにほお張る豊饒《ほうじょう》感こそ、この串の持ち味。卵胞が一気にはじけて卵黄が口を満たすなかで、脂を含んで濃厚なせぎもがきっちりと存在感を示す。たれも含めてすべての味が混じり合う精妙さ、これは甘い生命の饗宴か。当然この串1本が1羽分。

別称

玉ひも

値段の目安

★★½☆☆

稀少度

★★½☆☆

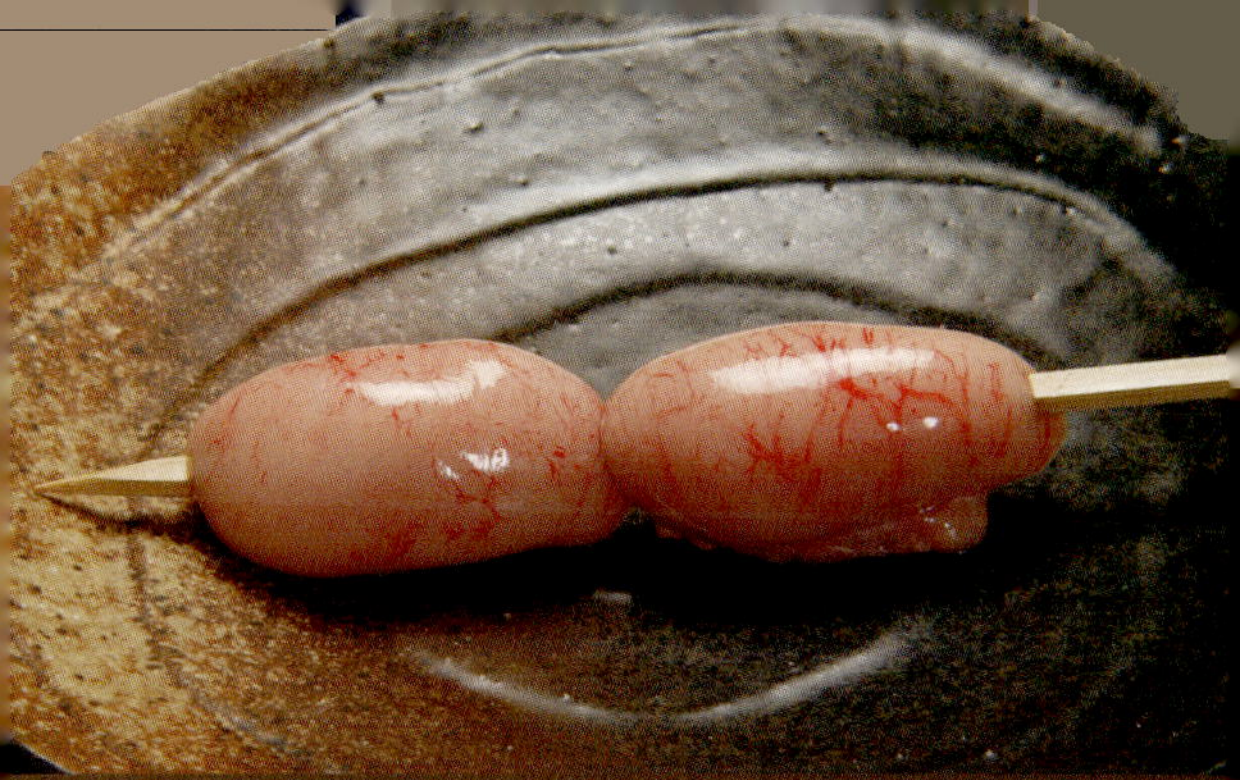

Shirako

白子

Testes

白子、といいながら色はこんなキレイな淡い赤。でも間違いなくこれが鶏の精巣《せいそう》、命の源のタマタマです。むろん雄鶏にしかついていない。

　タマタマだから硬いだろう、と思わせながら、このやわらかさにはびっくり。口の中でとろとろーっととろける食感は、フグやタラの白子によく似ている。食感に比してこれといった味らしい味はなく、さっぱりしていて、しいてたとえれば卵の白身のよう。だからたれで焼くのがいい。鮮度のよいものなら匂いもなく、刺身でも十分楽しめる。この串1本が1羽分だが、焼鳥としては相当にレアなひと串。

別称

値段の目安

★★½☆☆

稀少度

★★★★☆

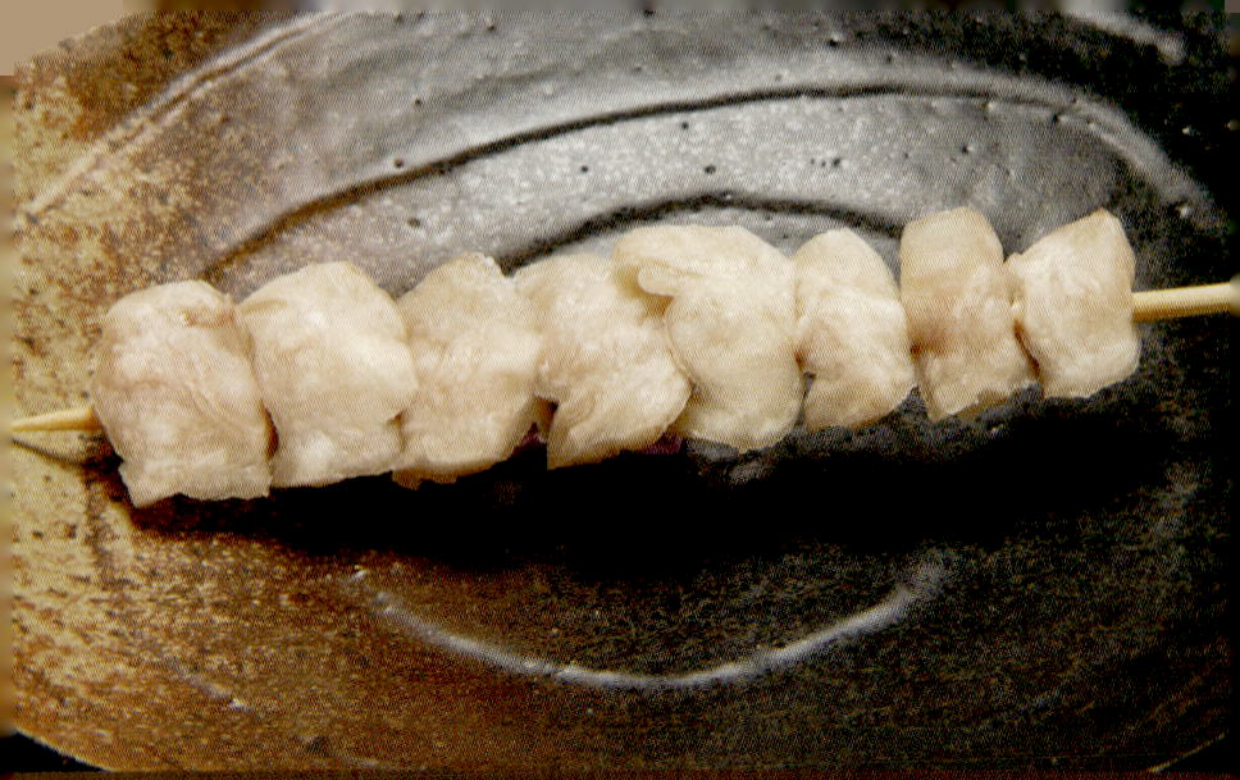

Momiji

もみじ

Pads on bottom of feet

鶏の足のひら（足裏）の、肉球がついている部分をいう。もみじの名は足の形から。ここまで41本の串でご紹介のように、こうしてかんむりからもみじ＝頭のてっぺんから足の裏まで残すところなく利用し尽くし、また食べ尽くしてこそ、命を与えてくれた鶏への供養になろうというもの。合掌。

脂肪はないが、こりこりの食感は豚足に似ていなくもない。見た目ほど淡泊ではなく。やわらかい嚙み心地の奥に、わずかに独特のクセがひそんでいる。生醤油《きじょうゆ》で焼く。煮込んでゼラチン質を賞味する中国料理はよく知られている。この串1本が4羽分。

別称

値段の目安

★★⯪☆☆

稀少度

★★★⯪☆

合鴨肉〈正肉・内臓〉

Aigamoniku(Shoniku・Naizo)

合鴨の
基礎知識

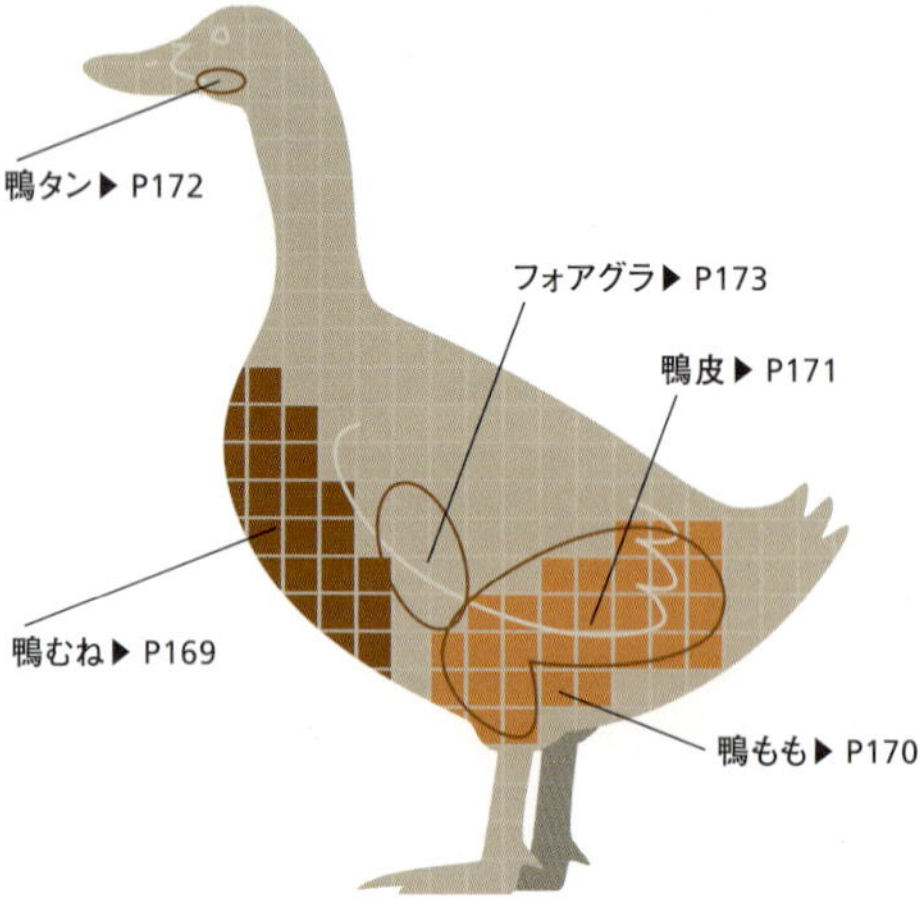

◎合鴨《あいがも》ってどんな鴨？

アヒルは野生のマガモが家禽化《かきんか》したもの、合鴨（間鴨、相鴨とも）はそのアヒルとマガモの交雑種《こうざつしゅ》をいう。

合鴨はアヒルに比べて体が小さくて肉量が少なく、成長が遅く繁殖力も低い。このため食用に飼育されることは極めて稀《まれ》で、一般にはアヒルの肉が合鴨として流通している。

鶏に似た肉はやわらかく、匂いも少ない。たっぷりの脂肪には必須脂肪酸のリノール酸などが多く含まれ、ダイエッター向き。肉は雄より雌のほうが脂がのって上質とされる。

ちなみに本場フランスには、フォアグラ（餌を与えて肥育した鴨などの肥大した肝臓）採取専用に品種改良された鴨もいるとか。

Kamo-mune (Kamo-negi)

鴨むね（鴨ねぎ）

Duck Breast

鴨ねぎといいながら、鴨がネギを背負わずに、やさしげに抱いているところがおもしろい。

滑らかな脂肪の帯もくっきりと、濃赤色の抱き（鴨のむね肉のこと）の美しいこと。真っ白い2本のネギをくるりと巻いて、2つの抱きがシシトウと椎茸《しいたけ》を挟む。この姿は焼鳥というより、端麗な和風のスイーツのよう。

やわらかい抱きは歯ごたえがあって歯切れもよく、口に入れた端から甘い脂が溶けてゆく。噛みしめれば、鴨ならではの濃く深い味がにじむ。

シシトウと椎茸を挟むためたれで焼くが、抱きだけなら塩がいい。

別称

鴨ロース、抱き

値段の目安

★★☆☆☆

稀少度

★☆☆☆☆

Kamo-momo

鴨もも

Duck Thigh

鴨のもも、つまり足の付け根から先の部分の肉。肉色は深赤色、写真でご覧のように脂肪を多く含む。

　鴨の脂は融点が低いため、口の中で容易に溶けてしかもまろやか、口当たりがいい。むね肉に比べて肉質は硬めだが、味には鴨らしいこくがある。昔から日本人はうまいものを「鴨の味」にたとえてきたという。この串を食べれば、確かにそれも納得。

　塩で焼く。脂身と肉の歯ごたえがよく、汁気を楽しみながら噛めば噛むほど、微かに野性も感じさせて味わいは深い。やわらかく、さくっと歯切れもいい。これも肉好きご用達のひと串。

別称

値段の目安

★★☆☆☆

稀少度

★⯪☆☆☆

Kamo-kawa

鴨皮

Duck Skin

淡く澄んだピンクがしっとりした上質の脂を期待させる、ももの皮を刺したひと串。

鴨は、皮下の脂肪層が厚いのが特徴だ。しかもその脂肪には、人間が体内で合成できない一価《いっか》不飽和《ふほうわ》脂肪酸《しぼうさん》のオレイン酸はじめ、必須脂肪酸のリノール酸、α－リノレン酸など、血中コレステロール値を下げる働きをする脂肪酸が多く含まれている。ありがたい。

脂っぽいようで脂っぽくなく、食感はぱりぱりで味は深い。生醤油《きじょうゆ》で焼いた鴨皮は、まるで北京ダック。皮の歯切れ、広がる脂。両者が合わさって、甘さが口にゼイタクに広がる。

別称

値段の目安

★★☆☆☆

稀少度

★★☆☆☆

Kamo-tan

鴨タン

Duck Tongue

カモノシタであって、カモノハシではない。鴨の嘴《はし》（くちばしのこと）の奥にある、鴨の舌のことです。6つ並んだ小さな舌が、かつてどんな風に鳴き交わしていたのかを思えば、あだやおろそかに食べるわけにはいかない。心して味わってください。

タンといいながら想像以上にやわらかく、しかも歯ざわりはこりこりで脂ものっている。こちらは皮をつけたまま生醤油《きじょうゆ》で焼くにしても、牛・豚のタンとはずいぶん違う。とろける部分と歯ごたえが同居して、かつ両者がしっくり融合している。中国料理の超高級食材の一つ。この串1本が6羽分。

別称

値段の目安

★★☆☆☆

稀少度

★★★★☆

Foagura

フォアグラ

Foie Gras - Duck Liver

フランス語でフォアは肝臓《かんぞう》、グラは「肥大した、太った」の意だから、これは鴨の肝臓というより、鴨の脂肪肝《しぼうかん》（組織が脂肪に置き換えられた肝臓）といったほうがわかりが早い。もちろん病気としてのそれではなく、鴨やガチョウに強制的に餌を食べさせて作られる、人工的な脂肪肝だ。古代ローマ人の創案といわれ、その歴史は古い。トリュフやキャビアと並んで、世界三大珍味の一つに数えられている。

写真は本場のフランス産。味は鶏の白ぎも（147頁）とほとんど区別がつかないが、外側にわずかに歯ごたえがある。濃厚でとろけるお味をポン酢で。

別称

値段の目安

★★★☆☆

稀少度

★★★☆☆

焼肉店の
サブメニュー事典

野菜料理

ナムル
さっと湯がいた豆モヤシやホウレンソウなどの野菜、ワラビやゼンマイなどの山菜をゴマ油や塩で味つけした韓国式おひたし。そのまま食べるほか、ナムルとさまざまな具をご飯にのせた「ピビンパプ」(ビビンバ)も人気がある(→ご飯もの)。

キムチ
野菜を塩漬けし、唐辛子、ニンニク、魚醤などを加えて醗酵させた漬物の総称。韓国には200〜300種類のキムチがあるといわれる。ハクサイの「ペチュギムチ」、角切りダイコンの「カットゥギ」、キュウリの「オイギムチ」、水を多めに加えて漬ける「ムルギムチ」などは日本でもおなじみ。

ペチュギムチ
「ペチュ」はハクサイ。日本でキムチといえばこれを指す。出来上がりの味は作り手によって千差万別で、韓国では"おふくろの味"といわれる。そうしたところは日本のぬか漬けに似ている。「キムチチゲ」(→スープ・鍋・煮込み料理)にはペチュギムチの古漬けを使うことが多い。

カットゥギ／カクトゥギ(カクテキ)
韓国ではペチュギムチに並ぶ定番キムチの一つ。日本では「カクテキ」としておなじみ。角切りにしたダイコンを軽く塩漬けしてから唐辛子、ショウガ、ネギ、アミの塩辛などとあえる。すぐに食べられるが4〜5日熟成させるとうまみが増す。

オイギムチ

「オイ」はキュウリ。キュウリの歯ざわりを生かし、薄めの味つけでさっぱり漬ける夏の味。日本では、キュウリに切り目を入れ細切りのダイコンやニンジンを詰めたオイギムチの一種（オイソバギ）を「オイキムチ」として出す店が多い。

ムルギムチ

「ムル」は水。日本では「水キムチ」と呼んでいる。その名のとおり水を多めに加えて作り、野菜のうまみの出た汁を飲むためのキムチで、脂っこい料理とともに食べることが多い。ダイコンのほかハクサイ、キュウリ、セリなどさまざまな野菜で作る。

海鮮料理

チャンジャ

タラの胃袋を塩漬けしたのち、ヤンニョム（コチュジャンをベースした辛い薬味ダレ）に漬けた塩辛。韓国では伝統的にスケソウダラを使うが、日本ではマダラを使う。

ヤンニョムケジャン

ワタリガニを生のままヤンニョムであえ、短時間漬け込んだカニ料理。醤油ベースのタレに漬けて熟成させる辛くない「カンジャンケジャン」もあり、こちらのほうが歴史は古い。

肉料理

ユッケ

「ユック」は肉、「フェ」は膾（なます）。連音化してユッケと発音する。生の細切り牛肉をゴマ油、塩、ショウガ、ニンニク、コチュジャンなどであえ、卵黄を添える。

サムギョプサル

「サム」は3、「ギョプ」は層、「サル」は肉、つまり赤身と脂身が3層になった三枚肉（バラ肉）のこと。厚切りの豚バラ肉をゆっくり焼いて余分な脂を落とし、塩とゴマ油で食べる。サンチュやエゴマの葉などで包む食べ方も人気がある。

タッカルビ
「タッ」は鶏、「カルビ」はあばら骨。鶏肉と野菜、棒状の「トック」(→粉・餅・麺類) を炒め、甘辛く味つけした鉄板料理。

スープ・鍋・煮込み料理

ミヨッククク (わかめスープ)
「ミヨッ」はわかめ、「クク」はスープ。わかめと牛肉をゴマ油で炒めて煮込み、醤油と塩、ニンニクで味つけしたスープ。

ユッケジャン
細切り牛肉 (ユッケ) と野菜を煮込み、ニンニクと唐辛子を加えた、濃厚な激辛スープ。日本ではユッケジャンをご飯にかけた料理を「ユッケジャンクッパ」と呼ぶ。

チゲ
たっぷり具を入れた、汁の少ない鍋料理の総称。「キムチチゲ」「スンドゥプチゲ (豆腐チゲ)」「テンジャンチゲ」「プデチゲ」などがある。

キムチチゲ
「ペチュギムチ」(ハクサイのキムチ) と漬け汁、豚肉、長ネギ、ニラ、キノコ類、豆腐などを煮込んだ定番料理。酸味の出た古漬けのキムチを使うことが多い。

スンドゥプチゲ (豆腐チゲ)
豆腐のほかに貝類や肉、野菜の入った辛い鍋料理。韓国では「スンドゥブ」という、日本のおぼろ豆腐のようなやわらかい豆腐を使う。

テンジャンチゲ
テンジャン (味噌) で味つけした鍋。日本の味噌汁に似ているが、青唐辛子をきかせ、ぐつぐつ煮立たせて味噌の風味を出す。肉、魚介、豆腐、キノコ類、野菜と、具の取り合わせもさまざま。

プデチゲ
プデは「部隊」のこと。ハムやソーセージなど洋風食材を煮込み、インスタントラーメンの麺や野菜、ニンニクを加えて辛めに仕上げる。朝鮮戦争直後の物資が不足した時代に、米軍の放出品である缶詰のハムやソーセージで鍋を作ったのが始まりといわれているが、諸説ある。

タン

汁の多いスープ料理、または鍋料理の総称。「テグタン」「コムタン」「ヘムルタン」「メウンタン」「カムジャタン」「サムゲタン」などがある。

テグタン

「テグ」は「大口」と書き、マダラのこと。マダラの身・内臓・白子などを野菜と煮込む、寒い季節の料理。唐辛子でピリ辛に味つけする。日本ではテグタンをご飯にかけた料理を「テグタンクッパ」と呼ぶ。また、テグタンの名で「ユッケジャン」(牛肉の激辛スープ)を出す店も多い。

コムタン

牛の肉、骨、内臓を、ニンニク、長ネギなどの香味野菜とともに長時間煮込んだ、白濁したスープ。唐辛子は使わず、塩と胡椒で薄めに味つけする。日本ではコムタンをご飯にかけた料理を「コムタンクッパ」と呼ぶ。

カルビタン

「カルビ」はあばら骨のこと。牛のあばら肉を骨ごと煮込む、濃厚な味わいのスープ。塩と醤油の薄めの味つけが多い。日本ではカルビタンをご飯にかけた料理を「カルビクッパ」と呼ぶ。

ヘムルタン／ヘムルジョンゴル

「ヘムル」は漢字で「海物」。さまざまな種類の魚介類を使う海鮮鍋で、唐辛子をきかせ薄めに味つけすることが多い。「ヘムルジョンゴル」(ジョンゴルもタンと同じく鍋の意)ともいう。

メウンタン

「メウン」は辛いという意味。ヒラメ、イシモチなどの白身の魚をぶつ切りにして、豆腐や野菜とともに煮込む、魚のうまみたっぷりの鍋。名前のとおり、相当に辛い。

カムジャタン

「カムジャ」はジャガイモ。豚の背骨をじっくり煮込み、ジャガイモ、エゴマの葉などを加えてさらに煮込んだ辛い鍋。骨をしゃぶりながら豪快に食べる。ジャガイモもおいしい。

サムゲタン

ひな鶏を丸ごと1羽使う煮込み料理。高麗人参、ナツメ、ニンニク、糯米(もちごめ)などを腹に詰めて煮込むことから、滋養強壮料理として知られる。味つけは塩、胡椒とシンプル。

ご飯もの

クッパ

いわばスープかけご飯のこと。日本ではテグタン（マダラのスープ）、コムタン（牛の肉・骨・内臓のスープ）、カルビタン（牛のあばら骨のスープ）などをご飯にかけた料理をそれぞれ「テグタンクッパ」「コムタンクッパ」「カルビクッパ」と呼ぶ。韓国には“スープかけご飯”という独立した料理はなく、これらは日本独特の料理といえる（→スープ・鍋・煮込み料理）。

ピビンパプ（ビビンバ）

「ピビン」は混ぜる、「パプ」はご飯。ナムル、生野菜、牛肉など10種類前後の具をご飯にのせ、コチュジャンベースの辛い薬味ダレをかけてよく混ぜあわせて食べる。

トルソッピビンパプ（石焼ビビンバ）

「トルソッ」は石釜。石釜の内側にゴマ油を塗ってご飯を入れ、ナムル、下味をつけた牛肉などの具をのせて火にかける。辛い薬味ダレをかけ、よく混ぜあわせて食べる。おこげが香ばしい。

ユッケピビンパプ（ユッケビビンバ）

「ユッケ」は牛肉の刺身のこと（→肉料理）。ゴマ油をもみ込んで下味をつけた牛もも肉を細切りにして、ナムルや生野菜などの具とともにご飯にのせ、薬味ダレをかけて混ぜあわせて食べる。

キンパプ

「キン」は海苔（のり）のこと。ゴマ油を塗った海苔でご飯と具を巻いた韓国式海苔巻き。100年ほど前に日本から伝わったといわれる。具はホウレンソウのナムル、エゴマの葉、牛肉のそぼろなど、ご飯の味つけはゴマ油と塩。

粉・餅・麺類

パジョン／チヂミ

「パ」はネギのこと。小麦粉をといた生地で葉ネギをあえて焼いた韓国式お好み焼き。日本では韓国南部の呼び方である「チヂミ」のほうが一般的。

トック

うるち米で作る韓国餅。棒状にのばしたものを薄く切り、スープや鍋ものに入れる。日本の餅と同じく、韓国でもお正月に欠かせない食材。

トッポッキ／トッポギ
「トック」(餅)と「ポッキ」(炒め)の合成語で、いわば“炒め餅”。棒状のトックをコチュジャンと砂糖で甘辛く炒める。韓国で人気の屋台料理の一つ。

チャプチェ
漢字で書くと「雑菜」。野菜、牛肉、キノコなど色とりどりの具を入れた春雨の炒め物。下味をつけた具と春雨を別々に炒めてさまし、最後に混ぜ合わせる。唐辛子は使わず、味つけはゴマ油と醤油。

ネンミョン（冷麺）
韓国の冷麺は、冷たいスープで食べる「ムルネンミョン」(平壌冷麺)と、辛い薬味ダレで食べる「ビビンネンミョン」(咸興冷麺)に大別される。

ムルネンミョン
「ムル」は水。牛肉からとっただしに、水キムチの汁を加えたスープで食べる。麺はソバ粉が中心。味わいはすっきりしている。

ピビンネンミョン
「ピビン」は混ぜるという意味。コシの強い細麺に、辛い薬味ダレをよくからませて食べる。サツマイモなどのでんぷんで作る麺は嚙み切れないほどコシがあり、食べる直前にはさみで切ってくれる店もある。

韓国酒

マッコリ／マッコルリ（韓国式どぶろく）
主に米で造る醸造酒。白く濁っており、甘みとかすかな酸味がある。アルコール度数は5～9度と低く、口当たりがいい。主な銘柄は「二東マッコルリ」「釜山山城マッコリ」「抱川米マッコリ」など。

ソジュ（韓国焼酎）
原料は米や麦。日本の甲類焼酎にあたり、アルコール度数は20度前後が多い。主な製造元は「眞露」「鏡月」など。

メクチュ（韓国ビール）
漢字で書くと「麦酒」。アルコール度数は4度台で、さっぱりしている。主要銘柄は「HITE（ハイト）」「OB（オービー）」など。

炭火焼肉　皐月

メニューの一例

特選トロタン塩 ………… 2500円
特選霜降りハラミ ……… 2600円
特選ザブトン …………… 2600円
上タン塩 ………………… 1480円
厳選内臓盛合せ(塩・タレ) … 1200円
皐月のカルビ …………… 900円
厳選ユッケ刺(塩・タレ) … 750円
トンバラ塩焼 …………… 780円
お二人様セット(焼肉4種類+ナムル、キムチ盛合せ、サラダ、焼き野菜) ………… 3980円
4名様セット(焼肉5種類+ナムル、キムチ盛合せ、サラダ、サンチュ、焼き野菜) ………… 9800円

①店は白山通りに面している　②主人の奥野博之さん(左)と、仕入最高責任者の布施義人さん　③テーブルがゆったり置かれた店内。壁にかかる花の絵が愛らしいアクセント

住所：東京都文京区白山1-1-2　臼福ビル1階
TEL：03-3816-4122
営業時間：11時30分～13時30分(ランチは月～金曜)、17時～23時30分 L.O.(日曜・祝日は16時～22時30分 L.O.)
定休日：無休
最寄駅：地下鉄都営三田線・大江戸線春日駅 A6出口から徒歩5分

ひとくちMEMO

産地にこだわらず、品質で選ぶ最高級黒毛和牛(A5ランク)を堪能できる。肉はどれも厚切りでボリューム満点。サンチュで包んで食べるトンバラ塩焼は脂が甘い。

炭火焼ホルモン　まんてん

メニューの一例

◎刺身	
ればてき	600円
白センマイ	600円
◎牛ホルモン	
ギャラ芯	700円
コリコリ	700円
サンドミノ	700円
◎豚ホルモン	
がつ芯	700円
こぶくろ	600円
しきん	550円
ちれ	550円
◎ホルモン盛り合わせ	
5種盛り	1500円〜

①カップルや一人客に人気のカウンター席。ほかにテーブル席が4つある　②ればてき。長ネギと塩、ゴマ油のタレがたっぷりかかっている　③主人の阿部亮さん

住所：東京都目黒区上目黒3-1-4　グリーンプラザ3階
TEL：03-3760-4129
営業時間：17時〜翌1時
定休日：無休
最寄駅：東急東横線・東京メトロ日比谷線中目黒駅から徒歩1分

ひとくちMEMO

1頭分の内臓をまるごと仕入れ、店で丁寧に下ごしらえするホルモンは新鮮そのもので見た目も美しい。牛・豚合わせて約40種類をそろえる。塩とゴマ油の下味が多い。

銀座　こじま屋

メニューの一例

特選ヒモ	1890円	特上レバー刺し	1600円
上ホルモン	1890円	たてがみ（刺身）	1050円
上ヒモ	1580円	ホルモンコンソメ煮込	1050円
特選カルビ	2310円	けとばし納豆	840円
特上タン	2310円	馬汁	420円
上カルビ	1980円	馬焼き付きコース	5000円・7000円
馬刺し	2100円		

①照明を落とした店内はおしゃれで落ち着ける　②左から主人の三國秀明・真弓さん夫妻、スタッフの鍬田龍志さん　③店へはちょっと秘密めいた階段を上っていく

住所：東京都中央区銀座5-4-15　銀座エフローレビル5　2階
TEL：03-3569-2911
営業時間：17時30分～24時（23時30分 L.O.）
定休日：日曜・祝日
最寄駅：地下鉄銀座駅B7出口から徒歩2分

ひとくちMEMO

全国でも数少ない馬焼き専門店。本場熊本県の食用馬専用牧場から毎日生で空輸される、新鮮な最高級品を味わえる。ジンギスカン鍋で弱火で焼く肉は滋味豊か。

銘鶏やき鳥　鳥仙

メニューの一例

ささみ	230円	つぼ	180円
砂ぎも	180円	白子	230円
きも	180円	ちょうちん	230円
はつ	180円	はつもと	230円
もも正肉	230円	白きも（れば）	350円
手羽先	230円	鴨ねぎ	280円
せにく	250円	フォアグラ	450円

①カウンターとテーブル、座敷を合わせて18席と、店内はこぢんまりしている
②飛不動や一葉記念館に近い下町の一角にある

住所：東京都台東区竜泉3-10-10
TEL：03-3875-4130
営業時間：18時～23時（22時30分 L.O.）
定休日：日曜・祝日
最寄駅：東京メトロ日比谷線三ノ輪駅1B出口から徒歩5分

ひとくちMEMO

鶏肉専門店が直営する焼鳥の店。その日の朝に全国から出荷、夕方店に届く銘鶏を主人が一人でさばく。47種類という串焼きの品ぞろえは、日本中をみても例がない。

◉参考資料

『旬の食材　別巻　肉・卵図鑑』講談社／２００５
『焼肉料理の最新技術』旭屋出版／２００８
『人気の焼肉　韓国料理』旭屋出版／２００３
『焼肉メニューＢｏｏｋ』旭屋出版／２００８
『焼肉　東京』枻出版社／２００６
『絶品　ホルモン料理』石井宏治／旭屋出版／２００８
『人気店の　最新　もつ料理の調理技術』旭屋出版／２００８
『やきとり 11店の技術と串バリエーション』柴田書店／２００８
『焼とり大全』旭屋出版／２００７
『食楽』２００８年9月号／徳間書店
『食鳥処理衛生ハンドブック』社団法人　日本食品衛生協会／２００７

◉参考ＨＰ

東京都中央卸売市場食肉市場・芝浦と場ＨＰ
財団法人　日本食肉消費総合センターＨＰ
社団法人　全国肉用牛振興基金協会ＨＰ
社団法人　日本食鳥協会ＨＰ
社団法人　日本食肉格付協会ＨＰ
全国食肉事業協同組合連合会ＨＰ
日高支庁ＨＰ

索引

memo

memo

企画・編集　小島　卓（東京書籍）
石井一雄（エルフ）
構成・編集　阿部一恵（阿部編集事務所）
取材・文　白石愷親
撮影　松田敏博（エルフ）
部位名英訳　マーク阪口
部位図作成　村山純子
ブックデザイン　長谷川　理（Phontage Guild）
DTP　川端俊弘（Phontage Guild）

焼《やき》肉《にく》手《て》帳《ちょう》

2009年7月7日　第1刷発行

編　者 ――― 東京書籍出版編集部
発行者 ――― 川畑慈範
発行所 ――― 東京書籍株式会社
〒114-8524　東京都北区堀船2-17-1
電　話 ――― 03-5390-7531（営業）　03-5390-7526（編集）
http://www.tokyo-shoseki.co.jp
印刷・製本 ――― 凸版印刷株式会社

乱丁・落丁の場合はお取り替えいたします。
本体価格はカバーに表示してあります。
税込定価は売上カードに表示してあります。
ISBN978-4-487-80340-8 C2076